마인크래프트

건 축 가 이 드

미니 프로젝트 4

First published in Great Britain in 2024 by Farshore

An imprint of HarperCollinsPublishers
The News Building, 1 London Bridge Street, London SE1 9GF
www.farshorebooks.co.uk

HarperCollinsPublishers
Macken House, 39/40 Mayor Street Upper,
Dublin 1, D01 C9W8, Ireland

Additional illustrations by George Lee
Special thanks to Sherin Kwan, Alex Wiltshire, Jay Castello,
Kelsey Ranallo and Milo Bengtsson.

This book is an original creation by Farshore
©2024 HarperCollinsPublishers Limited

MOJANG
STUDIOS

1판 1쇄 2024년 12월 15일
ISBN 978-89-314-7728-3

발행인 김길수
발행처 (주)영진닷컴
주 소 서울특별시 금천구 디지털로9길 32 갑을그레이트밸리 B동 10층
등 록 2007. 4. 27. 제16-4189호

저자 Mojang AB | 역자 이주안 | 진행 김태경 | 편집 김효정

MINECRAFT

건 축 가 이 드

미니 프로젝트 4

20가지가 넘는 작은 건축물을 지어 보세요

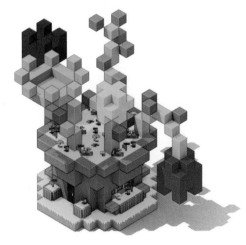

목차

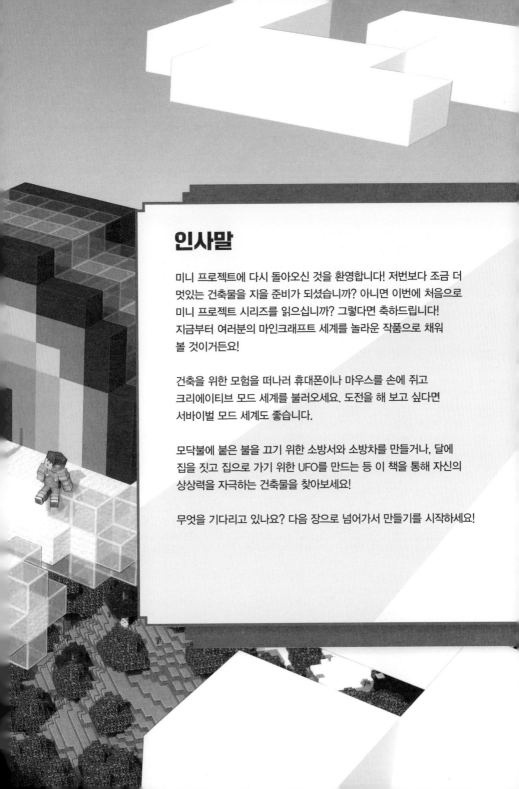

인사말

미니 프로젝트에 다시 돌아오신 것을 환영합니다! 저번보다 조금 더
멋있는 건축물을 지을 준비가 되셨습니까? 아니면 이번에 처음으로
미니 프로젝트 시리즈를 읽으십니까? 그렇다면 축하드립니다!
지금부터 여러분의 마인크래프트 세계를 놀라운 작품으로 채워
볼 것이거든요!

건축을 위한 모험을 떠나러 휴대폰이나 마우스를 손에 쥐고
크리에이티브 모드 세계를 불러오세요. 도전을 해 보고 싶다면
서바이벌 모드 세계도 좋습니다.

모닥불에 붙은 불을 끄기 위한 소방서와 소방차를 만들거나, 달에
집을 짓고 집으로 가기 위한 UFO를 만드는 등 이 책을 통해 자신의
상상력을 자극하는 건축물을 찾아보세요!

무엇을 기다리고 있나요? 다음 장으로 넘어가서 만들기를 시작하세요!

알아 두면 좋은 건축 팁

이 책에 실린 놀라운 건축물을 훑어보셨나요? 이 책에는 게임 실력에 관계없이 누구나 지어 볼 수 있는 건축물들이 준비되어 있습니다. 단순한 건축물부터 시작해도 되고, 복잡한 건축물을 바로 지어 봐도 됩니다. 선택은 당신의 몫입니다! 건축을 시작하기에 앞서 작업에 도움이 될 팁들을 알아봅시다.

크리에이티브 모드

이러한 건축에서는 크리에이티브 모드를 사용하는 것이 좋습니다. 크리에이티브 모드는 마인크래프트에서 가장 쉽게 건축할 수 있는 방법으로, 게임에 존재하는 모든 블록을 무제한으로 꺼내 쓸 수 있으며 블록을 즉시 제거할 수 있습니다. 도전하기를 좋아한다면 서바이벌 모드에서 건축할 수도 있습니다. 하지만 시간이 더 많이 걸리고 준비도 더 많이 해야 하니 주의하세요!

건축 준비

건축을 시작하기 전에 전반적인 과정을 한번 살펴보세요. 건축물을 어디에 지을지, 완성된 건축물이 차지하는 공간은 얼마나 될지 생각해 보세요. 건축에 충분한 공간을 확보해야 합니다!

가설물

블록으로 가설물을 만들면 간격을 세거나 공중에 아이템을 설치하기 편리합니다. 가설물을 이용하면 설치하기 어려운 블록도 쉽게 설치할 수 있습니다!

서로 다른 색상의 블록을 사용하여 치수를 재세요. 초록색이 5개고 노란색이 6개이므로 이 막대의 길이는 11블록입니다.

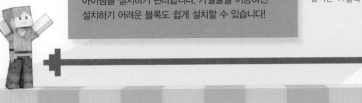

가설물을 이용해 공중에 블록을 설치하세요.

단축바

대부분의 건축에서는 수많은 종류의 자재를 사용합니다. 쉽게 꺼내 쓸 수 있도록 건축을 시작하기에 앞서 단축바에 블록을 준비해 놓으세요. 단축바에 공간이 모자라면 보관함 창을 통해 최대 9개의 단축바를 저장할 수 있습니다.

블록 설치

마법 부여대처럼 상호작용이 가능한 블록 옆에 블록을 설치하는 것은 까다로울 수 있습니다. 블록을 설치하려고 클릭하면 설치되지 않고 설치된 블록과 상호작용하게 됩니다. 그래도 설치할 수 있는 방법이 있습니다! 웅크린 채로 클릭하면 블록이 설치됩니다. 참 쉽죠?

개구리 조각상

매일 조금 더 개굴스러운 하루를 만들어 줄 조각상이 필요한가요? 그렇다면 기지 밖에 개구리 조각상을 만들어 보세요! 아직 기지가 없다면 조각상에 문을 달고 안에 들어가서 집으로 활용하세요. 이곳에서는 주황색 개구리를 만들었지만, 변화를 줘서 다른 색상으로 만들어도 됩니다. 분명 걸작이 만들어질 겁니다!

난이도

★☆☆☆☆

🕐 15분

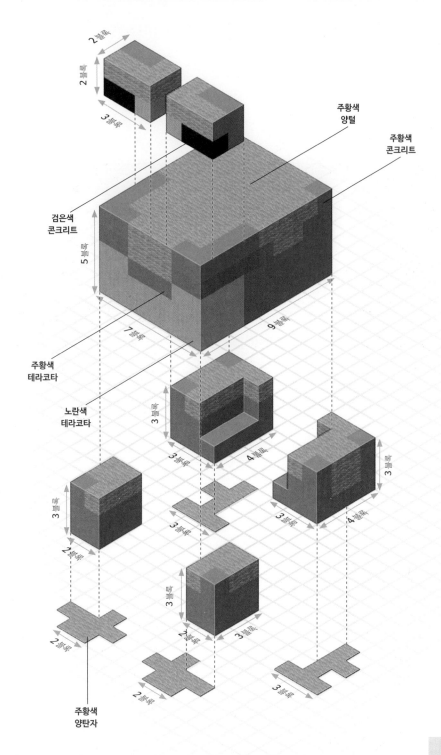

2 블록

2 블록

3 블록

주황색
양털

주황색
콘크리트

검은색
콘크리트

5 블록

주황색
테라코타

노란색
테라코타

7 블록

9 블록

3 블록

3 블록

4 블록

3 블록

3 블록

3 블록

2 블록

3 블록

4 블록

2 블록

3 블록

2 블록

3 블록

3 블록

2 블록

2 블록

주황색
양탄자

9

달 위의 집

토끼 좋아하시는 분 계시나요? 혹시 당신도 토끼를 좋아하나요? 좋아요. 아쉽게도 이 달에는 진짜 토끼가
살고 있지는 않지만, 예쁩니다! 훌륭한 경치가 있는 최고의 기지거든요. 이번 건축물은 공중에 지으므로,
아늑한 달 별장에서 오버월드를 내려다볼 수 있습니다. 벌써부터 설레지 않나요?

난이도

★★★☆☆

🕐 30 분

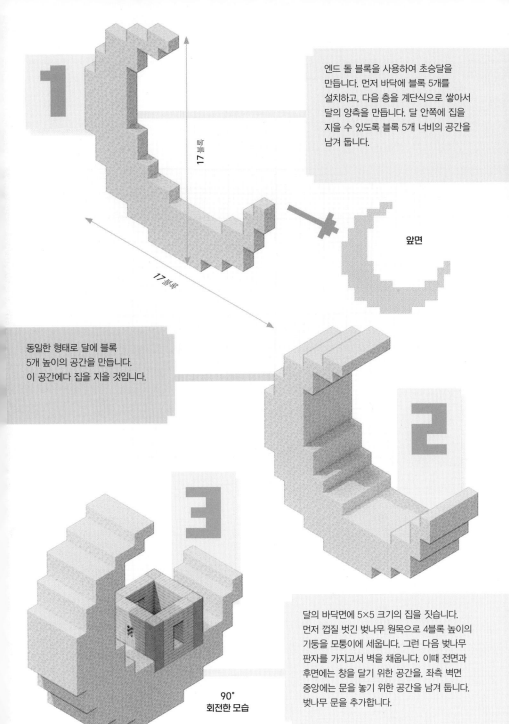

엔드 돌 블록을 사용하여 초승달을 만듭니다. 먼저 바닥에 블록 5개를 설치하고, 다음 층을 계단식으로 쌓아서 달의 양측을 만듭니다. 달 안쪽에 집을 지을 수 있도록 블록 5개 너비의 공간을 남겨 둡니다.

17 블록

17 블록

앞면

동일한 형태로 달에 블록 5개 높이의 공간을 만듭니다. 이 공간에다 집을 지을 것입니다.

90°
회전한 모습

달의 바닥면에 5×5 크기의 집을 짓습니다. 먼저 껍질 벗긴 벚나무 원목으로 4블록 높이의 기둥을 모퉁이에 세웁니다. 그런 다음 벚나무 판자를 가지고서 벽을 채웁니다. 이때 전면과 후면에는 창을 달기 위한 공간을, 좌측 벽면 중앙에는 문을 놓기 위한 공간을 남겨 둡니다. 벚나무 문을 추가합니다.

전면과 후면 벽체 위에 벚나무 판자로
아치 하나를 만드는데, 창 위에는 블록
한 칸을 비워 둡니다. 아치에 벚나무
판자 2개를 수직으로 쌓은 다음.
비워 두었던 칸에 모두 보라색 색유리
판을 설치합니다.

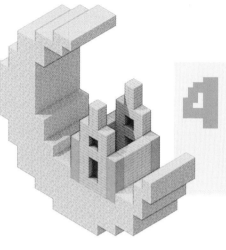

이제 집 앞에 예쁜 화분을 만들어
봅시다. 1층 창 밑에 있는 블록에
벚나무 계단 3개를 뒤집어서
설치합니다. 설치한 계단에 잔디 블록
3개를 추가하고 잔디 블록 옆에는
벚나무 다락문 3개를 설치합니다. 잔디
블록 좌우에 벚나무 계단을 뒤집어서
설치하고 그 위에는 엔드 막대기를
설치합니다. 그런 다음 꽃 세 송이를
심습니다.

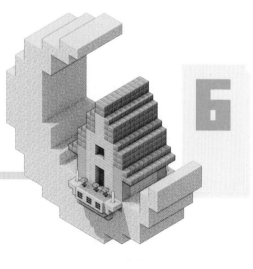

이제 지붕을 만들어 봅시다. 퍼퍼
블록과 계단을 혼합하여 벽의
형태를 따라 집 위에 경사진
지붕을 만듭니다. 벽체의 맨
윗 블록까지 지붕으로 덮어서
마무리합니다.

집의 앞뒤로 지붕을 1블록씩
늘리고, 지붕 하부의 안쪽에
퍼퍼 계단을 뒤집어서
추가합니다.

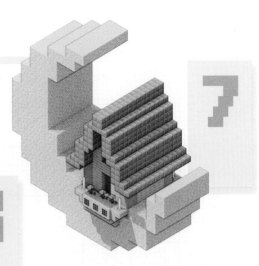

별이 없다면 달 위의 집이라고
부를 수 없습니다! 벚나무
울타리를 사용하여 잔디빛
개구리불을 달과 집 위아래에
매답니다.

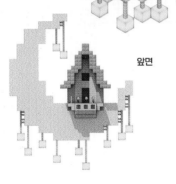

앞면

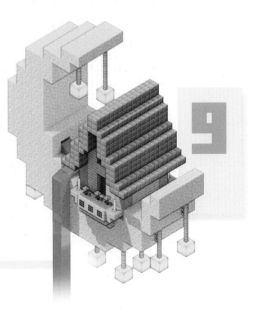

그런데 달 위의 집까지는 어떻게 갈 수
있을까요? 사다리는 너무 뻔한 방법
같은데 말이죠. 폭포를 이용하면 더 멋있지
않을까요? 집 왼편에 있는 문 근처에 물
원천 블록을 추가하면 물을 타고 오르내릴
수 있습니다.

검 차원문

땅에 박힌 거대한 검에 네더 차원문이 달려 있는 것만큼 환상적인 구조물이 또 있을까요? 없을 것 같다고요? 제 생각도 그래요! 이 차원문은 몇십 블록 떨어진 곳에서도 보이기 때문에 언제든 화려한 네더 모험을 하고 싶을 때면 차원문으로 되돌아갈 수 있습니다.

난이도

★☆☆☆☆

🕐 15분

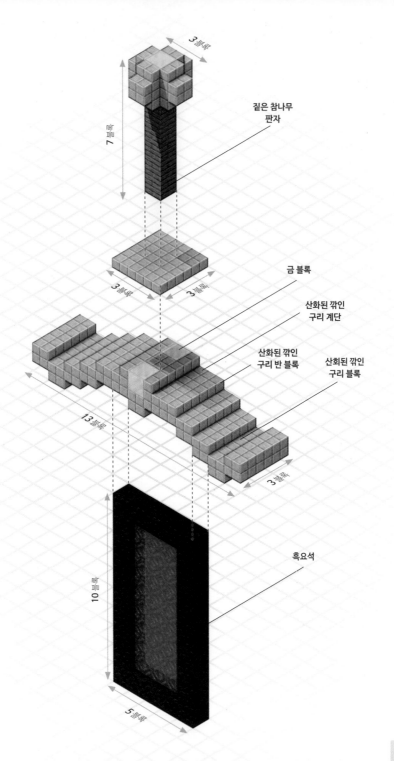

3 블록

짙은 참나무
판자

7 블록

금 블록

3 블록 3 블록

산화된 깎인
구리 계단

산화된 깎인
구리 반 블록

산회된 깎인
구리 블록

13 블록

3 블록

흑요석

10 블록

5 블록

소방서

서둘러요! 출동봉을 타고 내려가서 갑옷을 입으세요. 불을 끄러 가야 해요! 아, 그냥 좀비 하나가 불에 타고 있던 거였네요. 언제쯤이면 해가 뜰 때 좀비들이 그늘을 찾는 법을 배울까요? 액션 장르를 좋아하신다면 이 소방서가 마음에 쏙 들 겁니다. 항상 모험을 준비해 보세요!

난이도

★★★★☆

🕐 40 분

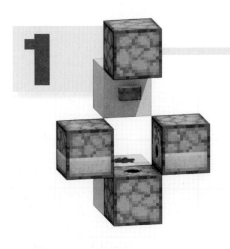

1

소방관을 보호하기 위해서는 소방서에 갑옷 장비대가 있어야 합니다. 1×2 크기의 공간이 안쪽에 생기도록 발사기 4개를 서로 마주 보게 설치합니다. 밑에 설치한 발사기 앞에 하얀색 콘크리트 블록을 설치하고, 그 콘크리트 블록 윗면에는 레드스톤 가루를 설치합니다. 한 칸을 띄우고 콘크리트 블록을 하나 더 설치한 다음, 그 콘크리트 블록에서 발사기들이 서로 마주 보는 면에 돌 버튼을 추가합니다.

방금 만든 갑옷 장비대 옆에 똑같은 장비대를 한 대 더 만든 다음, 3블록 간격을 두고 맞은편에 2대를 추가로 만듭니다. 밑에 설치한 발사기 사이의 공간을 회색 콘크리트로 채우고, 하얀색 콘크리트로 소방서의 벽을 세웁니다. 이때 소방서로 들어갈 공간을 남겨 둡니다. 각 발사기에 갑옷을 부위별로 투입합니다.

2

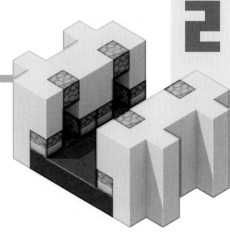

3

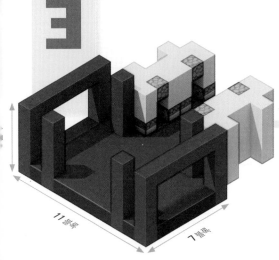

11 블록

7 블록

장비 구역 옆에 11×7 크기의 회색 콘크리트 바닥을 만듭니다. 이 직사각형의 짧은 면에 빨간색 콘크리트로 높이 4블록, 너비 7블록의 아치를 세웁니다. 그런 다음 각 아치의 기둥 부분에서 2블록 떨어진 지점에 블록 4개 높이의 기둥을 만듭니다. 기둥과 아치가 만나는 곳마다 있는 회색 콘크리트 블록을 빨간색 콘크리트 블록으로 교체합니다.

하얀색 콘크리트를 사용하여 외벽 안쪽 두 기둥 사이에 있는 공간을 채웁니다. 그런 다음 아치와 기둥의 상부와 같은 높이에 천장을 만듭니다. 이때 벽 안쪽에는 3×3 크기의 구멍과 블록 1칸을 남겨 둡니다.

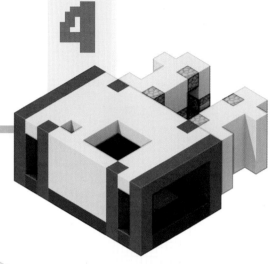

빨간색 콘크리트 기둥을 3블록씩 더 높인 다음, 기둥 사이 벽면에 있는 공간을 하얀색 콘크리트로 채우고 다른 면에는 유리판을 설치합니다. 1층에서는 비워 놓았던 공간에 모두 유리판을 설치합니다. 이때 입구로 쓰기 위해 만들어 놓은 2×3 크기의 공간에는 좌우에 철창을 설치합니다.

이제 소방차를 주차할 공간을 만들어야 합니다. 장비 구역이 있는 층을 회색 콘크리트로 1블록 확장한 다음, 7×20 크기의 직사각형을 추가합니다. 직사각형의 테두리에 하얀색 콘크리트를 두 겹으로 설치합니다. 이때 정면 구석은 그대로 둡니다. 바깥쪽 모서리에 기둥 4개를 추가합니다. 기둥은 모서리 끝에서 3블록 안쪽에 세워야 합니다.

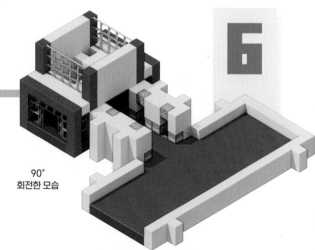

90°
회전한 모습

벽돌 블록을 사용하여 벽을 6블록까지 높이고, 장비 구역 근처에 있는 벽도 채웁니다. 벽면에 질감을 표현하기 위해서 화강암과 윤나는 화강암 블록을 섞어 넣습니다. 기둥마다 벽돌과 화강암 블록 4개를 추가하고, 벽돌이나 화강암 계단을 상단에 설치합니다. 입구 안쪽에 한 블록 간격을 두고 빨간색 콘크리트로 벽과 동일한 높이의 아치를 세웁니다.

8

90°
회전한 모습

매끄러운 돌 반 블록을 사용하여 각 구역에 지붕을 덮고, 앞뒤로 1 블록씩 튀어나오게 만듭니다. 본관 위에는 반 블록과 철창을 설치하여 안테나를 만듭니다.

7

내부

타고 내려갈 수 있는 출동봉 없이는 멋진 소방서가 될 수 없습니다! 소방서의 1층과 2층 사이에 철창을 수직으로 쌓고, 낙하 충격을 완충하기 위해서 바닥에 슬라임 블록 하나를 설치하세요. 다시 올라갈 수 있도록 사다리도 설치하세요! 벚나무 계단으로 소파를 만들어서 2층을 완성하고, 아이템 액자로 갑옷 장비대를 장식합니다.

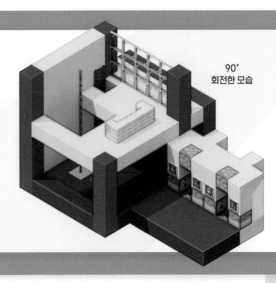

90°
회전한 모습

소방차

길을 비켜요! 소방차가 지나갑니다! 아 잠시만요. 이 소방차가 실제로 움직이지는 않습니다. 하지만 수영장과 다이빙대를 탑재한 이 소방차를 만들지 않을 수는 없을 겁니다. 인생에서 가장 영웅적인 수영을 할 수도 있으니까요. 뛰어들어 봅시다!

난이도

★★☆☆☆

🕐 20 분

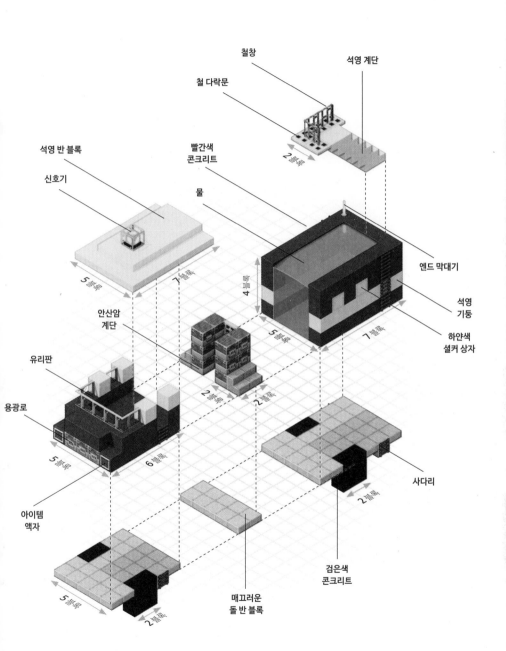

철창

철 다락문

석영 계단

2 블록

석영 반 블록

신호기

빨간색
콘크리트

물

엔드 막대기

석영
기둥

하얀색
셜커 상자

5 블록

7 블록

4 블록

안산암
계단

5 블록

7 블록

유리판

용광로

5 블록

6 블록

2 블록

2 블록

사다리

2 블록

아이템
액자

검은색
콘크리트

5 블록

2 블록

매끄러운
돌 반 블록

21

알록달록 카시타

친구를 위한 집으로, 가족을 위한 집으로 아름다운 카시타(스페인어로 작은 집이라는 의미)를 마련해 보세요! 다양한 층과 색깔, 식물이 가득한 이 카시타는 어디에 짓든 자연 풍경 속 보석이 될 겁니다. 누구를 입주시킬 것인지만 고민하세요. 분명 제안을 받아 줄 좀비가 있을 거예요!

난이도

★★★★☆

🕐 45 분

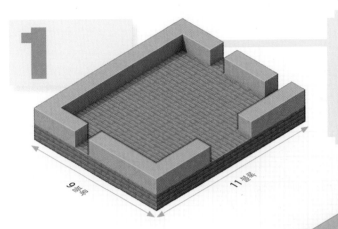

1

먼저 아카시아나무 판자로 9×11 크기의 직사각형을 만듭니다. 이 위에 노란색 테라코타로 벽을 한 층 만듭니다. 이때 문 3개를 둘 공간과 건물의 출입구로 활용할 3블록 너비의 공간을 비워 둡니다.

9블록

11블록

2

벽체의 높이가 4블록이 될 때까지 계속해서 벽을 쌓습니다. 문을 둘 곳에는 블록 2개 높이의 공간을, 출입구로 쓸 곳에는 블록 3개 높이의 공간을 비워 둡니다. 그런 다음 창을 달기 위해서 뒷벽에 블록 2개 높이의 구멍을 2개 만듭니다.

3

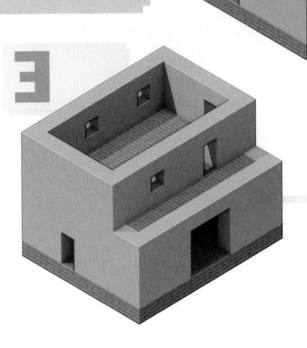

아카시아나무 판자로 천장을 채우고, 이 위에 정면에서 2 블록 떨어진 곳부터 3블록 높이로 노란색 테라코타 벽을 추가합니다. 창을 달기 위한 구멍 3개와 문을 두기 위한 공간 2곳을 비워 둡니다.

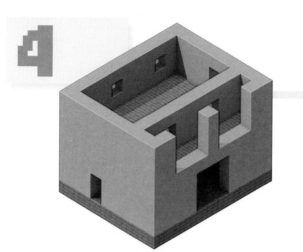

4

노란색 테라코타 벽을 발코니 쪽으로 확장하고, 모퉁이를 따라 1블록씩 확장한 후, 벽과 벽 가운데에 3블록 높이의 기둥을 추가합니다.

5

카시타의 좌측 후면 모퉁이 위에 벚나무 판자로 5×5 크기의 정사각형을 2블록 높이로 설치합니다.

6

건물 한쪽에서 1층을 확장합니다. 먼저 카시타의 후면에 맞춰 아카시아나무 판자로 4×7 크기의 직사각형을 추가하고, 연두색 테라코타로 4블록 높이의 벽을 세웁니다. 이때 창 2개를 달기 위한 구멍을 남겨 둡니다.

카시타에 현관을 추가합니다.
본관의 정면 중앙에
아카시아나무 판자로 2×7
크기의 직사각형을 설치하고,
하얀색 테라코타로 3블록
높이의 벽을 세웁니다. 이때
중앙에는 문을 놓기 위한
공간을 비워 둡니다.

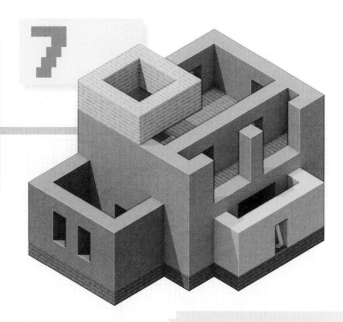

현관 오른쪽에 있는 블록에 아카시아
블록으로 5×5 크기의 정사각형을
추가합니다. 퍼퍼 블록과 퍼퍼
기둥을 사용하여 10블록 높이의
탑을 짓습니다. 탑 상부에 퍼퍼 계단
블록을 뒤집어 설치하여 테두리를
만들고 퍼퍼 블록으로 지붕을
채웁니다. 탑 전면에 창 2개를 뚫고
유리판을 설치합니다. 석영 블록과
반 블록, 계단을 이용하여 창턱을
만들고, 창턱 좌우에 엔드 막대를
추가합니다.

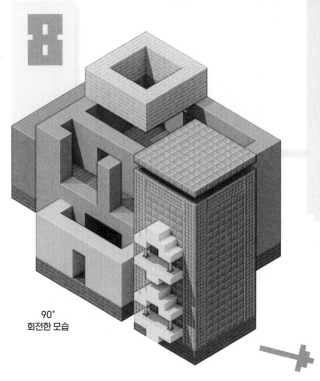

90°
회전한 모습

앞면

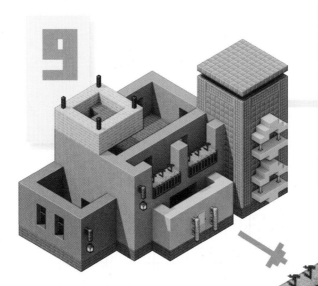

9

2층 발코니에 잔디 블록을 설치하고 아카시아나무 다락문으로 감싸서 화분을 만듭니다. 화분에는 꽃을 심습니다. 그런 다음 카시타 전면에 울타리를 다양하게 추가하고 그중 몇 곳에는 랜턴을 매답니다. 그리고 진홍빛 판자로 만든 정사각형의 모퉁이에 진홍빛 울타리 4개를 추가합니다. 건물에 문도 추가합니다.

카시타 뒤편으로 가서 창 측면에 아카시아나무 다락문을 추가하고, 각 창 밑에 아카시아나무 계단을 뒤집어서 설치합니다. 가운데에는 아카시아나무 울타리를 설치하고 랜턴을 매답니다. 건물의 초록색 면에는 뒤틀린 계단과 울타리를 사용하여 창틀을 만듭니다. 창을 달기 위해 비워 둔 공간에 모두 유리판을 설치합니다.

10

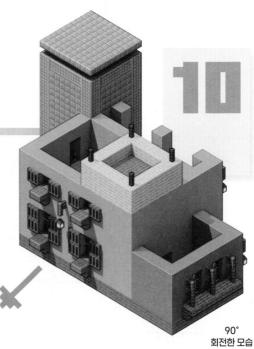

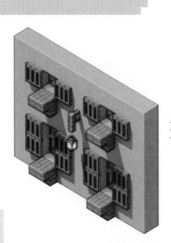

90°
회전한 모습

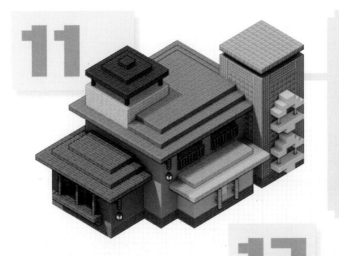

11

각 지붕은 같은 방법으로 짓습니다. 먼저 벽에서 튀어나오게 반 블록을 설치하고, 한 번에 반 블록씩 안쪽으로 높이를 높여 가는 작업을 세 번 반복하세요. 상단의 나머지 부분은 평평하게 채웁니다. 벚나무 방에는 진홍빛 반 블록을, 노란색 부분에는 아카시아나무 반 블록을, 초록색 구역에는 뒤틀린 반 블록을, 입구에는 자작나무 반 블록을 사용합니다.

12

진달래 잎, 분홍색 유광 테라코타, 벚나무 잎, 덩굴 등을 건물 구석구석에 추가해서 카시타를 더욱 다채롭게 만듭니다.

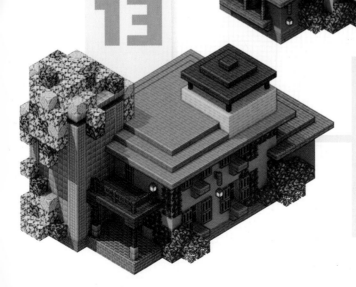

13

건물 뒤편으로 돌아가서 벽돌로 3×5 크기의 마당을 추가합니다. 벽돌 구석에는 석재 담장 2개를 추가하고 담장 위에는 진홍빛 울타리 2개를 설치합니다. 그런 다음 진홍빛 블록과 반 블록으로 마당 위에 발코니를 만들고, 가장자리를 따라 진홍빛 울타리 문을 추가하고 랜턴을 설치합니다.

판다 서식지

판다에게 잠깐이라도 눈길을 주지 않는 사람이 있을까요? 장난꾸러기, 게으름뱅이, 겁쟁이 등 다양한 성격을 지닌 판다들은 확실히 매력적입니다. 판다들을 더 가까이서 관찰하고 싶다면 판다들의 서식지를 만들어 보세요! 서식지에는 대나무를 잔뜩 심으세요. 판다는 대나무 식사를 좋아하니까요!

난이도
★★★☆☆
🕐 35분

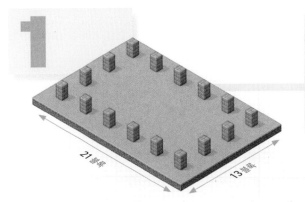

먼저 잔디 블록에 석재 벽돌로 2블록 높이의 기둥을 세워서 직사각형을 만듭니다. 기둥을 설치할 때에는 3블록 간격을 두고 설치하며, 짧은 면에는 기둥 4개를 세우고 긴 면에는 기둥 6개를 세워야 합니다.

21 블록

13 블록

기둥의 바깥쪽 모서리에 석재 벽돌 블록을 하나씩 설치하고, 그 위에는 석재 벽돌 계단을 설치합니다. 구석에 있는 기둥은 두 모퉁이가 바깥을 향해야 합니다.

각 기둥 사이의 공간을 하얀색 양털 2개로 채웁니다. 이때 전면 중앙에 있는 벽 하나는 비워 둡니다. 이 공간은 입구로 사용할 예정입니다.

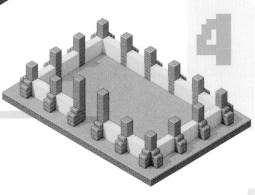

입구 좌우에 있는 기둥 위로 정글나무 판자를 4개씩 설치하고, 다른 기둥 위에는 판자를 2개씩 설치합니다.

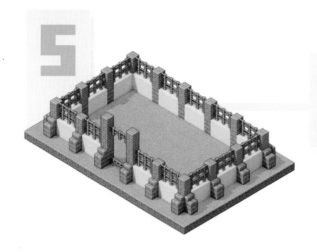

5

입구의 상부로부터 1블록 밑에 정글나무 울타리를 한 줄로 추가하고 하부에는 정글나무 울타리 문을 추가합니다. 그런 다음 각 기둥 사이에 정글나무 울타리를 두 줄로 설치합니다.

벽 상단과 입구를 따라서 대나무 모자이크 계단을 한 바퀴 설치합니다. 그런 다음 입구 위에 있는 울타리를 포함하여 맨 위에 있는 울타리의 바깥쪽에 계단을 3개씩 설치합니다.

6

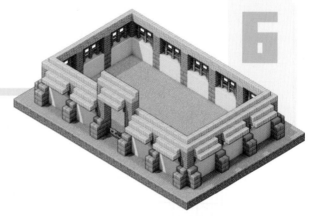

7

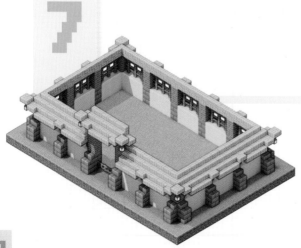

대나무 모자이크 반 블록을 사용하여 서식지 외부를 마무리합니다. 정글나무 판자로 만든 기둥이 있는 곳마다 반 블록을 1개씩 설치합니다. 그런 다음 각 모서리와 입구 측면 위에 반 블록 3개를 엇갈리게 설치하고, 가운데에 있는 반 블록 밑에 랜턴을 매답니다.

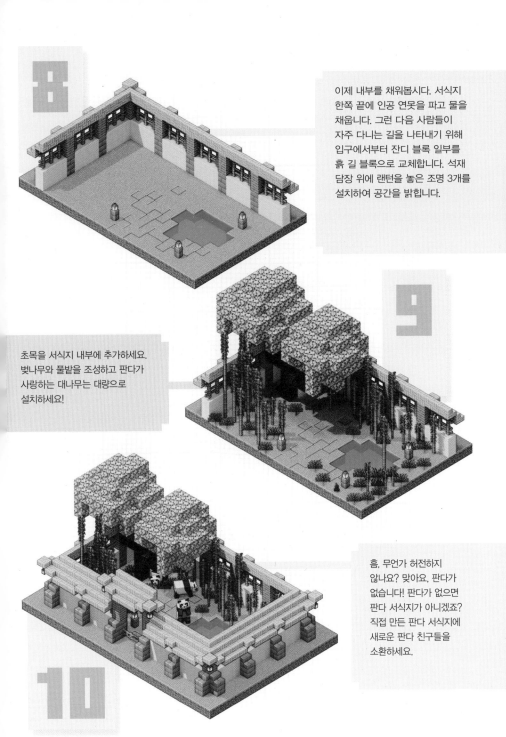

이제 내부를 채워봅시다. 서식지 한쪽 끝에 인공 연못을 파고 물을 채웁니다. 그런 다음 사람들이 자주 다니는 길을 나타내기 위해 입구에서부터 잔디 블록 일부를 흙 길 블록으로 교체합니다. 석재 담장 위에 랜턴을 놓은 조명 3개를 설치하여 공간을 밝힙니다.

초목을 서식지 내부에 추가하세요. 벚나무와 풀밭을 조성하고 판다가 사랑하는 대나무는 대량으로 설치하세요!

흠, 무언가 허전하지 않아요? 맞아요, 판다가 없습니다! 판다가 없으면 판다 서식지가 아니겠죠? 직접 만든 판다 서식지에 새로운 판다 친구들을 소환하세요.

수직 숲

자신이 가꾸는 오버월드에 블록으로 도시적인 고층 건물을 짓고 싶은데, 주변 환경과도 어우러졌으면
좋겠나요? 그렇다면 이 건물이 좋겠네요! 이 아파트는 실내가 넓기 때문에 친구들이 앞다투어 층을
선점하려고 달려들 겁니다. 고층에서 바라보는 멋진 풍경을 상상해 보세요!

난이도
★★★★★
🕐 1 시간

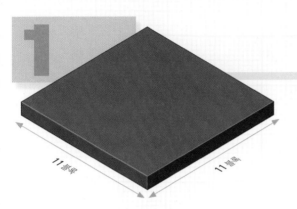

처음에는 회색 콘크리트 블록으로 11×11 크기의 정사각형을 만들어서 1층의 바닥을 만듭니다.

그런 다음 건물의 네 귀퉁이에 3블록 높이의 기둥을 세웁니다. 세 측면의 중앙에 기둥을 하나씩 추가하고 전면 벽 중앙에는 출입구로 쓸 아치를 추가합니다.

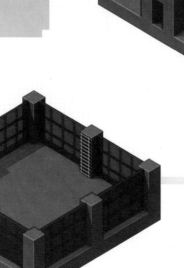

기둥 사이의 공간을 검은색 색유리 판으로 채웁니다. 다음 층으로 올라갈 수 있도록 뒤쪽 기둥 중앙에 사다리를 추가합니다.

2단계
2층

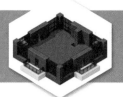

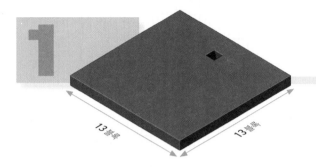

1 방금 만든 층 바로 위에 회색 콘크리트로 13×13 크기의 바닥을 만듭니다. 새로 만드는 층에 접근할 수 있도록 아래층에서 사다리를 설치한 지점은 비워 둡니다.

13 블록 / 13 블록

2 회색 콘크리트를 사용하여 모퉁이마다 기둥을 세우고 사다리를 설치하던 기둥은 블록 3개 높이로 기둥을 설치합니다. 각 모서리의 중앙에 5블록 너비의 벽을 세웁니다. 이때 벽 한가운데에는 출입구로 쓸 공간을 비워둡니다. 각 출입구의 바깥쪽에 하얀색 콘크리트 블록을 사용하여 깊이는 2블록이고 너비는 벽과 동일한 선반을 만듭니다.

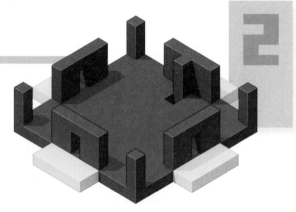

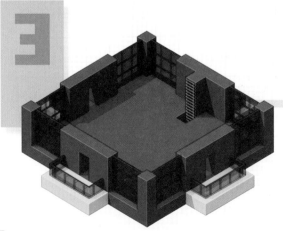

3 검은색 색유리 판을 이용하여 기둥과 벽 사이에 있는 공간을 채우고, 발코니에서는 블록 1개 높이의 방벽을 만듭니다. 위층으로 올라가기 위해 뒤쪽 기둥에 사다리를 추가합니다.

34

3단계

3층

1

회색 콘크리트를 이용하여
방금 만든 층 바로 위에 13×13
크기의 바닥을 또 만듭니다.
아래층에서 사다리를 타고
올라올 수 있도록 블록
한 칸은 비워 둡니다.

13블록 13블록

2

벽체와 동일한 위치에 4×3 크기의
회색 콘크리트 벽을 짓고, 모퉁이
로부터 3블록 떨어진 곳에 출입구
를 만듭니다. 그런 다음 왼쪽 공간
의 중앙에 2×3 크기의 벽을 세웁
니다. 사다리를 설치하기 위해서
뒤쪽에 기둥 하나를 추가합니다.
건물 외부로 나와 출입구가 있는
모퉁이로부터 1블록 떨어진 지점에
8×2 크기의 하얀색 콘크리트
선반을 추가합니다.

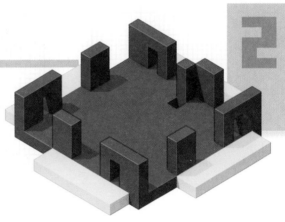

3

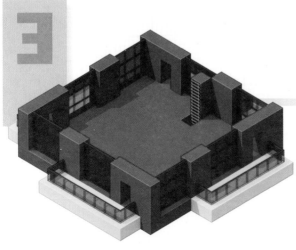

검은색 색유리 판을 사용하여
벽의 나머지 부분을 채우고,
발코니에서는 블록 1개 높이의
방벽을 추가합니다. 뒤쪽
기둥에 사다리를 추가합니다.

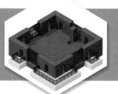

1

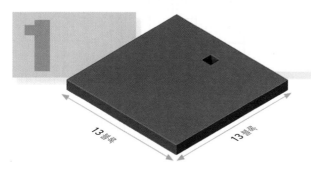

또 무엇을 해야 할지 아시겠죠?
방금 만든 층 위에 13×13
크기의 바닥을 하나 더
만드는데, 아래층에서 올라올
수 있도록 아래층에서 사다리를
설치한 지점은 비워 둡니다.

13블록

13블록

이번에는 회색 콘크리트로 벽을
세우고 네 귀퉁이에서 5블록씩
확장합니다. 이때 벽에는 서로
마주 보도록 출입구를 만듭니다.
사다리를 설치하기 위해서 뒤쪽에
기둥 하나를 추가합니다. 반대편
모퉁이 2곳에 하얀색 콘크리트
발코니를 만들어서 모퉁이를
확장하고, 다른 출입구에는
3×2 크기의 선반을 추가합니다.

2

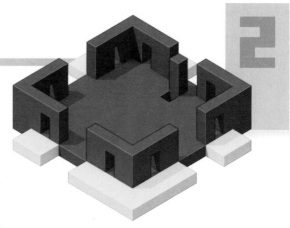

3

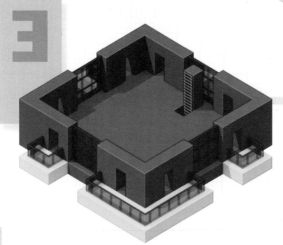

검은색 색유리 판으로 벽에
비워 놓은 공간을 채우고,
발코니의 가장자리를 따라
난간을 세웁니다. 그런 다음
위층으로 올라갈 수 있도록
뒤쪽 기둥에 사다리를
추가합니다.

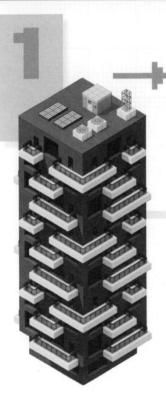

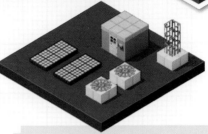

2-4단계를 두어 번 정도 반복해서 온전한 블록 타워를 만듭니다. 회색 콘크리트로 건물 꼭대기에 평평한 지붕을 추가하고, 회백색 콘크리트로 3×3 크기에 블록 2개 높이의 옥탑방을 만듭니다. 철 문과 돌 버튼을 옥탑방에 설치하고 매끄러운 돌 반 블록으로 옥탑방의 지붕을 만듭니다. 철 블록을 2×2로 설치하고 이 위에 레일을 동그랗게 깔아서 환풍구 모형 2개를 만듭니다. 햇빛 감지기로 2×4 크기의 직사각형 2개를 만듭니다. 마지막으로 철 블록으로 2×2 크기의 정사각형을 만들고 이 위에 철창을 얹습니다.

이제 숲처럼 꾸밀 차례입니다! 보관함에서 푸릇푸릇한 나뭇잎 블록을 모두 꺼내서 발코니 사이에 설치하고 어떤 발코니에서는 나뭇잎이 흘러넘치게 설치하여 건물이 반쯤 나무처럼 보이게 만듭니다. 봄이 찾아온 듯한 분위기를 내려면 진달래 잎을 추가해 보세요!

신나는 오리배

자신만의 오리배에서 축하 파티를 여는 꿈을 꿔 본 적이 있나요? 없다고요? 그렇다면 이제 꾸세요! 친구들과 오리 쾌속선에서 꽥꽥거리는 오후를 보내거나, 물가에 세워 놓고 휴식을 즐겨 보세요… 드라운드가 파티를 망치러 오기 전까지 말이죠!

난이도

⭐☆☆☆☆

🕐 15분

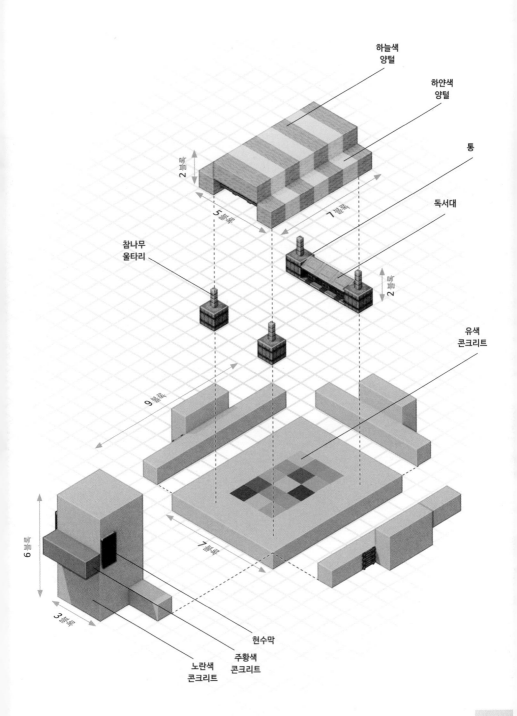

하늘색
양털

하얀색
양털

통

독서대

참나무
울타리

유색
콘크리트

2 블록

5 블록

7 블록

2 블록

9 블록

7 블록

6 블록

3 블록

현수막

노란색
콘크리트

주황색
콘크리트

증기기관차

뿌뿌! 모두들 오버월드 급행열차에 탑승하세요! 석탄을 가져와서 불을 피우고 증기기관에 활력을 불어넣어
보세요. 물론 이 기차는 어디로도 승객을 데려다주지 않지만, 정말 멋지게 생겼습니다. 뒤에 객차를 추가하면
기차를 독특한 기지로 만들 수도 있습니다!

난이도
★★★★☆
🕐 35 분

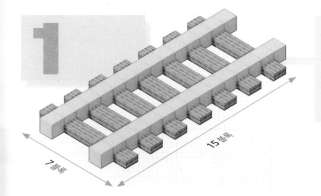

기관차를 놓기 위해 우선 기차선로를
만들어 봅시다. 철 블록을 사용하여
블록 3개 간격으로 15블록 길이의
레일 2개를 만듭니다. 그런 다음
참나무 반 블록을 사용하여 블록 1개
간격으로 침목을 설치합니다.

철제 레일 위에 각 침목 사이로
윤나는 흑암 블록을 하나씩 설치하고,
흑암 블록의 바깥쪽에 돌 버튼을
추가합니다. 그런 다음 가문비나무
반 블록으로 흑암 블록 사이의
공간을 채웁니다.

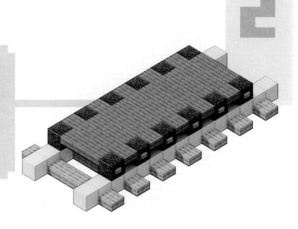

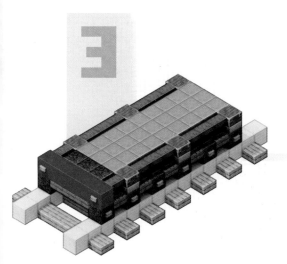

열차 앞에 빨간색 콘크리트를 한 줄
설치하고 빨간색 콘크리트 양쪽에
돌 버튼을 답니다. 그런 다음 바로
뒤에 윤나는 흑암 블록 3개를
설치합니다. 열차의 각 측면에 용광로
3개를 안쪽을 향하도록 설치하고,
남은 공간에는 모루를 설치합니다.
밀랍칠한 산화된 구리로 안쪽을
채웁니다.

열차 전면 중앙에 윤나는 흑암 블록 1개를 추가하고, 좌우로 윤나는 흑암 계단을 뒤집어서 설치합니다. 그리고 그 뒤로 윤나는 흑암 블록 3개를 더 설치합니다. 밀랍칠한 산화된 구리를 중앙에 3×4 크기의 직사각형으로 설치하고, 후미의 가장자리에도 설치합니다. 이때 맨 뒤 한 칸은 비워 둡니다.

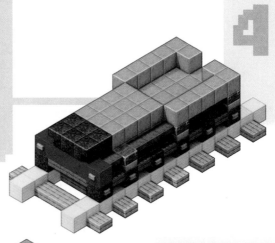

열차 전면부에 윤나는 흑암과 밀랍칠한 산화된 구리를 한 층 더 쌓습니다. 구리 옆면을 따라 가문비나무 표지판을 추가합니다. 열차 후미로 와서 각 측면에 유리판을 하나씩 설치하고 유리판 좌우에 철창도 하나씩 설치합니다. 그런 다음 벽의 나머지 부분을 밀랍칠한 산화된 구리로 채웁니다.

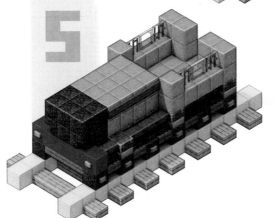

윤나는 흑암 블록과 계단을 전면에 설치하고, 밀랍칠한 산화된 구리 블록과 밀랍칠한 산화된 깎인 구리 계단을 그 뒤에 좌우로 설치합니다. 열차 후미의 벽을 1블록 높이고, 출입구 위의 빈칸을 채웁니다. 그런 다음 후미의 앞쪽과 뒤쪽에 밀랍칠한 산화된 구리 블록을 3개씩 추가합니다.

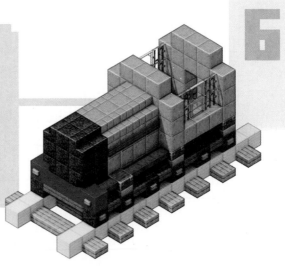

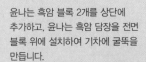

윤나는 흑암 블록 2개를 상단에
추가하고, 윤나는 흑암 담장을 전면
블록 위에 설치하여 기차에 굴뚝을
만듭니다.

가문비나무 블록과 반 블록을
사용하여 벽체를 따라 열차 후미에
경사진 지붕을 만듭니다. 양쪽에서
반 블록을 1개씩 더 설치합니다.

증기를 표현하기 위해 굴뚝 위에
거미줄 몇 개를 설치하여 건축을
마무리합니다. 뿌뿌!

갈비뼈 은신처

이번 건축물은 그야말로 뼈를 때리는 건축물이라고 할 수 있습니다! 안 그런가요? 오싹한 분위기를
좋아한다면 갈비뼈 모양 기지가 딱이겠네요. 물론 적대적인 몹들로부터 막아 주는 기능은 거의 없지만,
무시무시한 외관이 몹들을 겁주기에는 충분할 테니까요! 겁주지도 못한다고요? 괜찮아요. 최소한 멋있어
보이기라도 하니까요!

난이도

★★★☆☆

🕐 25분

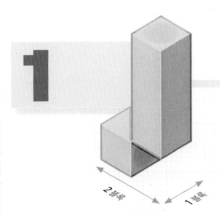

1

갈비뼈 기지는 무엇으로 만들어야 할까요?
당연히 뼈로 만들어야겠죠! 뼈 블록 1개를
설치하고, 바로 옆에다 바닥과 1블록 간격을
두고 뼈 블록 3개를 수직으로 쌓습니다.

2블록   1블록

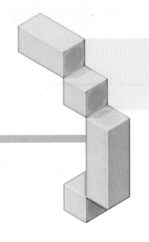

2

마지막으로 설치한 블록의 한 블록 위에
뼈 블록을 하나 더 설치하고, 한 블록 더 위에
뼈 블록 2개를 일렬로 설치합니다. 그러면
갈비뼈 하나가 완성됩니다!

3

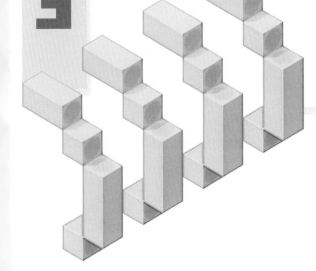

앞서 했던 1단계와 2단계를
세 차례 반복해서 2블록
간격을 두고 갈비뼈 4개를
만듭니다.

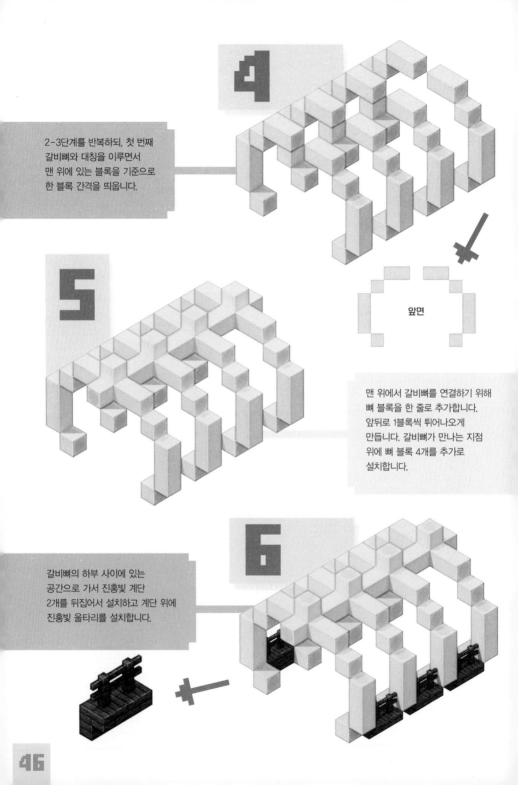

4

2-3단계를 반복하되, 첫 번째 갈비뼈와 대칭을 이루면서 맨 위에 있는 블록을 기준으로 한 블록 간격을 띄웁니다.

앞면

5

맨 위에서 갈비뼈를 연결하기 위해 뼈 블록을 한 줄로 추가합니다. 앞뒤로 1블록씩 튀어나오게 만듭니다. 갈비뼈가 만나는 지점 위에 뼈 블록 4개를 추가로 설치합니다.

6

갈비뼈의 하부 사이에 있는 공간으로 가서 진홍빛 계단 2개를 뒤집어서 설치하고 계단 위에 진홍빛 울타리를 설치합니다.

46

7

입구 근처에 철창을 추가하여 기지에 위협적인 분위기를 조성하세요. 그런 다음 보관용 통을 설치합니다.

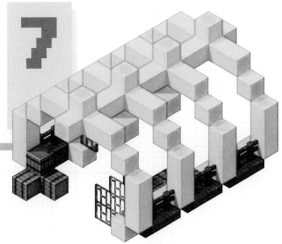

8

180°
회전한 모습

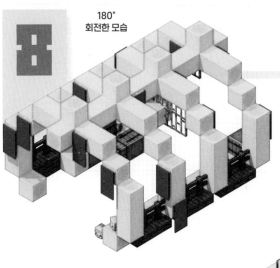

빨간색 현수막을 불규칙적인 간격으로 설치하여 갈비뼈에 고깃덩이가 붙어 있는 것처럼 보이도록 (조금은 징그럽게) 장식합니다. 그런 다음 침입자가 함부로 들어오지 못하도록 뒷문에 피글린 머리를 몇 개 정도 추가합니다.

9

사슬로 랜턴을 매달아서 건축물에 조명을 만들고 영혼 모닥불을 피워서 으스스한 불빛을 더하세요.

라푼젤의 탑

다행히도 플레이어가 이 탑을 오르기 위해 머리카락을 무척 길게 기른 소녀가 갇혀 있지 않아도 됩니다. 그런 소녀에게는 아무나 머리 마사지를 해줬으면 좋겠네요! 이 탑은 적대적인 몹들로부터 숨기 좋은 은신처 입니다. 탑에 들어가 문만 닫으면 어떤 몹도 플레이어를 잡으러 올 수 없거든요! 게다가 깜찍하기까지 하죠!

난이도

★★★★☆

🕐 45 분

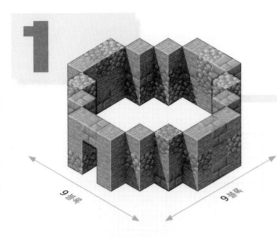

1

돌 석재 벽돌, 이끼 낀 조약돌, 이끼 낀 석재 벽돌 및 조약돌을 섞어 사용하여 블록 3개 높이로 표면이 고르지 않은 원형의 탑 하부를 만듭니다.

9블록

9블록

2

동일한 블록들을 사용하여 탑의 다음 층을 만듭니다. 방금 만든 층에서 1블록 안쪽에 블록 3개 높이로 벽을 세웁니다.

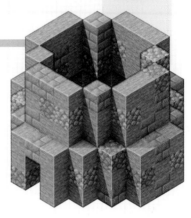

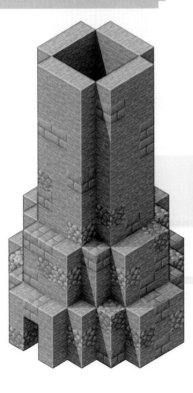

3

방금 만든 층에서 1블록 안쪽에 블록 9개 높이로 벽을 세워서 탑의 중추를 만듭니다. 이끼 낀 블록과 조약돌은 서서히 줄여나갑니다. 상단에 다다를수록 주로 돌 블록과 약간의 석재 벽돌을 사용합니다.

탑의 중앙부와 동일한 크기와 형태로 자작나무 판자를 사용하여 판 하나를 만듭니다. 그런 다음 판의 바깥쪽 테두리를 따라 계단을 뒤집어 설치해서 1층 바닥과 동일한 넓이가 되도록 만듭니다. 곧게 뻗은 모서리의 각 면마다 계단 2개를 뒤집어서 설치합니다.

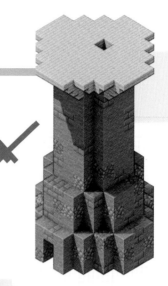

4

앞면

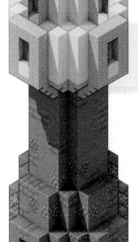

5

벽체의 맨 윗 줄을 따라 벚나무 계단을 한 바퀴 둘러서 지붕을 만들기 시작합니다. 벽체 바로 위에 벚나무 판자를 한 줄 더 설치합니다. 그런 다음 벚나무 판자 위에 벚나무 계단을 설치하고 벚나무 계단 안쪽을 다시 벚나무 판자로 빙 두릅니다.

6

탑 상부의 곧게 뻗은 모서리마다 자작나무 판자로 블록 4개 높이, 블록 3개 너비의 아치를 하나씩 만듭니다. 아치 중심으로 가서 바닥에는 하얀색 양털 블록을 하나씩 설치하고 나머지 부분은 하늘색 색유리 판으로 채웁니다. 그런 다음 하얀색 양털로 대각선 벽을 세웁니다.

계속해서 마지막으로 설치한 벚나무 판자로부터
1블록 안쪽에 벚나무 판자를 한 줄 더 추가하여 지붕을
만듭니다. 그런 다음 곧게 뻗은 모서리에만 벚나무
계단을 한 줄 추가합니다. 이 계단 뒤에는 벚나무
판자를 2줄로 설치하고 벚나무 판자 위에는 벚나무
계단을 1줄로 설치합니다.

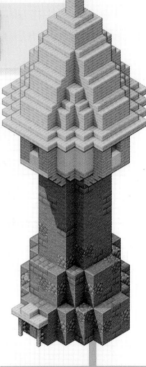

창 밑에 잔디 블록을
설치하고 벚나무
다락문으로 잔디
블록을 둘러싸서
화분을 만듭니다.
그런 다음 덩굴과
벚나무 잎, 자작나무
잎으로 탑의 나머지
부분을 장식합니다.

맨 윗줄을 기준으로 1블록 안쪽 위에
정사각형을 만들고 그 위에 계단으로
정사각형을 하나 더 만들어서
지붕을 마무리합니다. 계단으로 만든
정사각형 안쪽에 벚나무 판자 2개를
수직으로 쌓습니다. 입구에 벚나무 문
1개를 추가하고 문 위에 벚나무 판자
1개와 반 블록 2개, 양옆에 자작나무
울타리를 설치합니다.

캠퍼밴

귀여운 캠퍼밴과 함께 집에서 멀리 떨어진 곳에도 기지를 만드세요! 주차하기 좋은 곳을 찾아서 건축을 시작하세요. 이번에 만들어 볼 캠퍼밴은 야생에서 살아남기 위해 필요한 모든 것을 내부에 갖추고 있어, 임시 거처로 쓸 수도 있고 주요 기지로 활용할 수도 있습니다.

난이도

★★★☆☆

🕐 25분

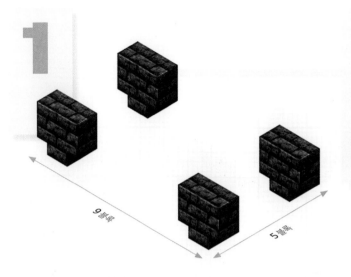

1

윤나는 흑암 벽돌 계단 2개를 뒤집어서 뒷면이 맞닿게 설치하고, 그 위에 윤나는 흑암 블록 2개를 추가하는 방법으로 바퀴 4개를 만듭니다. 앞바퀴는 3블록 간격을 두고 만들고, 뒷바퀴는 앞바퀴로부터 5블록 뒤에 만듭니다.

9 블록

5 블록

매끄러운 돌 반 블록을 사용하여 바닥으로부터 반 블록 위에 바퀴들을 연결하는 직사각형을 만듭니다. 바퀴 앞뒤로 반 블록을 2줄씩 더 설치합니다. 첫 번째 층의 모서리로부터 1블록 안쪽에 반 블록을 두 겹 더 추가합니다.

2

3

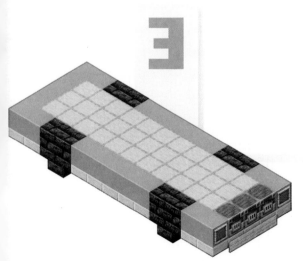

캠퍼밴 앞부분에 있는 한 겹짜리 반 블록 위에 용광로 3개를 추가합니다. 그런 다음 같은 층에 있는 나머지 공간을 주황색 콘크리트로 채웁니다. 아이템 액자 2개를 설치하여 전조등을 만들고 자작나무 표지판 3개를 이용해서 범퍼를 만듭니다.

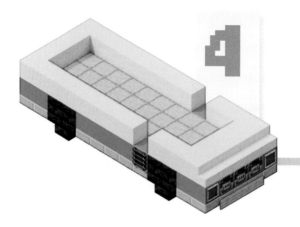

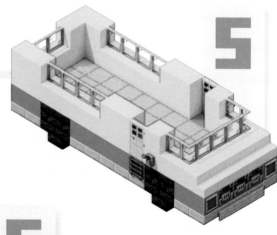

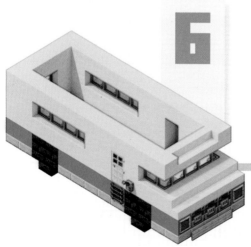

캠퍼밴 앞부분에 석영 계단을 한 줄로 설치하고 이 뒤에 매끄러운 석영 블록을 한 줄 추가합니다. 남은 주황색 블록 위에 석영 블록을 한 겹 추가합니다. 이때 앞바퀴 뒤는 블록 한 칸씩 비워 둡니다. 그런 다음 비워 둔 칸 밑에 사다리를 설치합니다.

비워 둔 칸에 철 문을 설치하고, 매끄러운 석영 블록 1개를 문 앞쪽에, 2개를 뒤쪽에 추가합니다. 그림과 같이 매끄러운 석영 블록 5개를 캠퍼밴 후면에 추가합니다. 남은 공간을 유리판으로 채우고, 앞유리는 전면부에서 1블록 안쪽에 설치합니다. 각 철 문 옆에 레버를 설치합니다.

만들던 벽체 위로 매끄러운 석영 블록을 한 겹 추가 합니다. 이때 전면부에는 매끄러운 석영 블록 대신에 석영 계단 3개를 설치합니다.

캠퍼밴의 전면부를 따라서 석영
계단을 일렬로 설치하고, 계단 뒷면에
매끄러운 석영 블록을 세 줄로
설치합니다. 이 뒤에 매끄러운 석영
반 블록을 한 줄 추가하고, 캠퍼밴의
후면부에 다다를 때까지 매끄러운
석영 반 블록을 설치해서 벽 사이의
공간을 채웁니다.

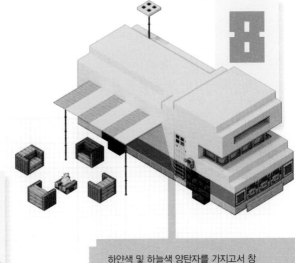

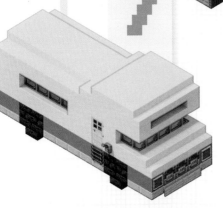

하얀색 및 하늘색 양탄자를 가지고서 창
위로 튀어나온 줄무늬 차양을 만듭니다.
차양 밑에는 철창을 설치해서 기둥을
만듭니다. 그런 다음 캠퍼밴 지붕에
철창 2개를 수직으로 쌓고 그 위에
철 다락문 1개를 올려서 위성 접시를
설치합니다. 참나무 계단과 가문비나무
다락문을 사용하여 모닥불 주위에 의자를
제작합니다.

내부

최대한 많은 아이템을 캠퍼밴 내부에 설치하세요.
가마솥과 화로, 제작대로 부엌을 만들고, 가문비나무
다락문과 참나무 계단 2개로 간단한 식사 공간을
만드세요. 침실에는 다락문을 설치하여 탁자를
만들고, 침대 위에 큰 상자를 설치하여 수납공간을
늘릴 수도 있습니다. 캠퍼밴에 또 어떤 물건을 넣어
볼 수 있을까요? 실내에서도 문을 열 수 있도록
문 옆에 돌 버튼을 추가하고, 앞부분에 석영 계단
2개를 추가하여 운전석을 만드세요.

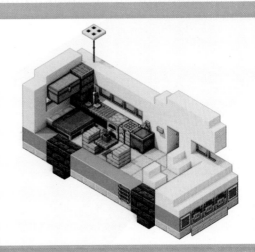

낙타 마구간

으아, 사막은 너무 더워요. 시원하게 해 줄 팥빙수 같은 것도 없잖아요! 도대체 낙타는 여기서 어떻게 사는 걸까요? 플레이어와 믿음직한 낙타가 사막에서 더위를 식힐 수 있도록 마구간을 갖춘 장소를 마련해 보세요. 마구간은 낙타 한 가족이 모두 머물 수 있을 만큼 넓답니다!

난이도
★★★☆☆
ⓧ 35 분

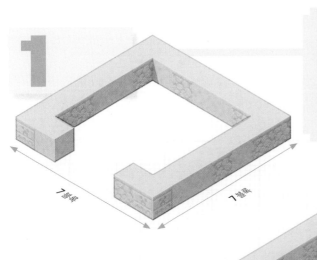

1

마구간의 집 부분부터 만들어 봅시다. 사암과 조각된 사암, 매끄러운 사암 블록을 혼합하여 7×7 크기의 정사각형을 만듭니다. 전면에는 문을 두기 위해 3블록 공간을 남겨 둡니다.

7 블록

7 블록

2

블록을 세 줄 더 쌓아 벽을 세웁니다. 측벽에는 창을 달기 위한 틈을 남겨 놓고, 출입구 위로 블록을 한 줄 더 쌓습니다.

3

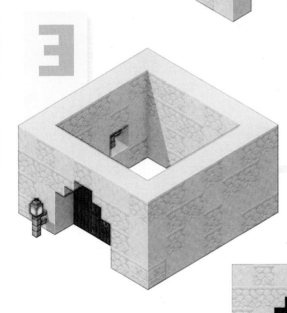

출입구 위쪽 모퉁이에 사암 계단 2개를 뒤집어서 설치하고 가문비나무 문 1개를 추가합니다. 문 옆에 빈 공간은 가문비나무 다락문으로 채웁니다. 문 옆에는 참나무 울타리와 랜턴으로 조명을 만들고, 창을 달려고 비워 둔 틈에는 가문비나무 울타리를 설치합니다.

앞면

출입구 위에 참나무 버튼을 일렬로
설치합니다. 매끄러운 사암을
사용하여 천장을 채웁니다. 이때
사다리를 놓을 칸 하나는 남겨
둡니다. 건물 앞부분을 따라
매끄러운 사암 반 블록을 한 줄
추가하고, 좌우로 한 블록 뒤까지
반 블록을 설치합니다.

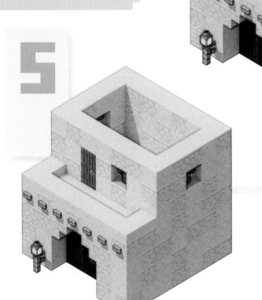

블록 3개 높이, 1층보다 블록 2개 적은
깊이로 건물 2층을 만듭니다. 구멍
3개를 뚫고 참나무 울타리를 설치하여
창을 만들고, 발코니로 이어지는
가문비나무 문을 추가합니다.

매끄러운 사암으로 천장을 채우고,
매끄러운 사암 반 블록을 사용하여
지붕을 따라 모서리를 추가합니다.
다양한 사암 블록을 혼용하여
건물 앞쪽 중앙에 반 블록 5개를
두 줄로 설치하고, 그 위에
반 블록 3개를 추가합니다.
전면에는 참나무 버튼 3개를
추가합니다.

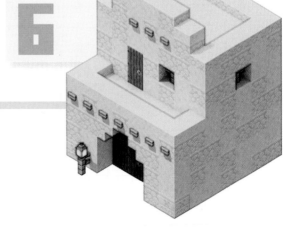

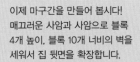

이제 마구간을 만들어 봅시다!
매끄러운 사암과 사암으로 블록
4개 높이, 블록 10개 너비의 벽을
세워서 집 뒷면을 확장합니다.

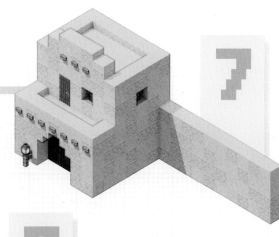

집 전면에서 한 블록 뒤에 기둥 4개를
세웁니다. 기둥은 블록 4개 높이로,
2블록 간격을 두고서 설치합니다.
그런 다음 각 기둥의 맨 윗 블록
사이에 사암 계단을 뒤집어서 서로
마주 보게 설치하고, 계단 윗면에
반 블록을 설치합니다. 끝에 사암
담장을 추가해서 아치를 뒷벽과
연결합니다.

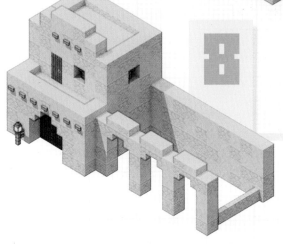

모닥불을 여러 줄로 설치하여
목재 지붕을 만듭니다. 모닥불에
붙은 불은 반드시 삽을 이용하여
꺼야 합니다! 아치 안쪽에 울타리
문을 설치하고, 가운데에 있는
기둥에 울타리로 랜턴을 매답니다.
마구간 안에 건초 더미를 쌓아서
마무리합니다.

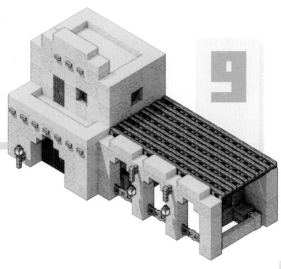

라면 가게

사이버펑크 라면 가게를 열어서 오버월드 최초의 테이크아웃 전문점을 만들어 보세요. 물론 모든 라면에서는 수상한 스튜 맛이 나지만, 스튜를 싫어하는 사람이 있나요? 주방에는 요리에 필요한 모든 시설이 있기 때문에 맛있는 식사를 금방 만들 수 있습니다!

난이도

★★★☆☆

🕐 35 분

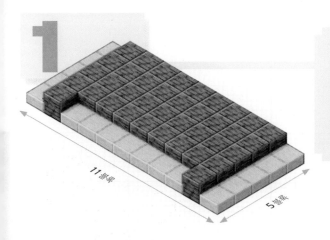

1

윤나는 심층암으로 9×4 크기의 직사각형을 만들고, 앞쪽 양끝에 블록을 하나씩 추가합니다. 윤나는 심층암 블록 2개 사이와 양끝에 매끄러운 돌 반 블록을 한 줄씩 추가합니다.

11 블록

5 블록

윤나는 심층암 블록 앞줄에 훈연기와 조각된 심층암 블록을 번갈아가면서 한 줄로 설치하고 그 위에 철 다락문을 설치합니다. 뒤편에 한 블록 간격을 두고 훈연기 4개와 가마솥 2개, 제작대 1개를 추가하여 주방을 완성합니다.

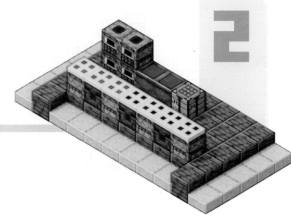

2

3

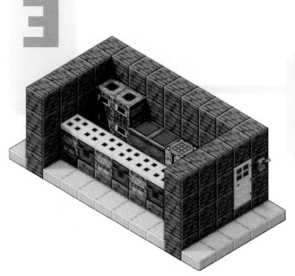

윤나는 심층암으로 주방에 벽을 세우고, 주방으로 들어가 요리를 할 수 있도록 철 문을 추가한 다음, 문 옆에 레버를 설치합니다.

벽 윗부분을 따라 조각된 심층암을
한 층 쌓고, 윤나는 심층암으로 지붕을
만듭니다. 지붕 앞쪽에 매끄러운 돌
반 블록을 두 줄로 설치하고, 바다
랜턴을 한 줄로 설치합니다. 뒤쪽에는
철창으로 안테나를 만듭니다.

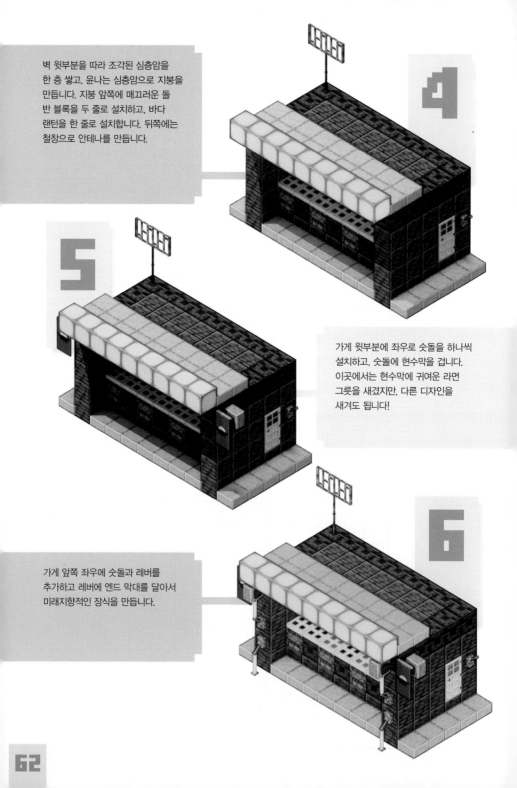

가게 윗부분에 좌우로 숫돌을 하나씩
설치하고, 숫돌에 현수막을 겁니다.
이곳에서는 현수막에 귀여운 라면
그릇을 새겼지만, 다른 디자인을
새겨도 됩니다!

가게 앞쪽 좌우에 숫돌과 레버를
추가하고 레버에 엔드 막대를 달아서
미래지향적인 장식을 만듭니다.

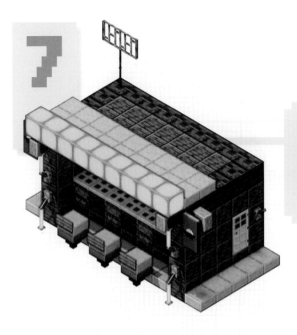

7

손님이 앉아서 먹을 수 있도록 호퍼 3개를 추가하고 호퍼 윗면에 매끄러운 돌 반 블록을 설치합니다. 그런 다음 뒤틀린 표지판을 반 블록 뒷면에 설치하여 의자처럼 보이도록 만듭니다.

현수막

라면 현수막을 만들기 위해서는 먼저 빨간색 현수막 1개, 빨간색 염료 2개, 하얀색 염료 1개, 검은색 염료 1개, 톱니 테두리 현수막 무늬 1개를 보관함에서 꺼냅니다. 그런 다음 베틀을 이용하여 아래에 있는 무늬를 한 번에 하나씩 추가합니다. 매번 제작 칸에 동일한 현수막을 다시 넣어서 무늬를 덮어 씌웁니다.

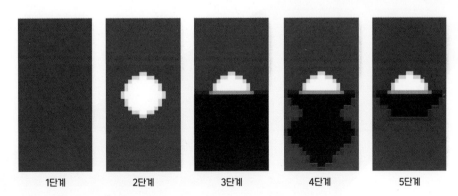

| 1단계 | 2단계 | 3단계 | 4단계 | 5단계 |

네더 감옥

갈비뼈 기지를 보고서 감옥 같다는 생각을 하셨다면 이 건축물을 보세요! 보루 잔해에서 영감을 얻어서 감방을 매달아 놓은 네더 감옥은 이 차원에서 플레이어를 건드리는 몹들을 모두 잡아넣기에 최적인 장소입니다. 몹들에게 경고하러 갑시다!

난이도

★★★★★

🕐 1 시간

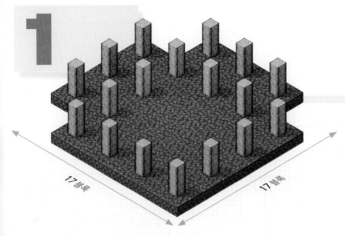

1

네더랙에 3블록 높이의 윤나는 현무암 기둥을 세워서 정사각형을 만듭니다. 각 면에는 기둥 4개를 세워야 하며, 블록 3개 간격을 두고서 설치합니다. 건축물 뒤편에 있는 두 면에는 이미 설치한 기둥으로부터 3블록 간격을 두고 기둥 6개를 추가로 설치합니다.

17블록

17블록

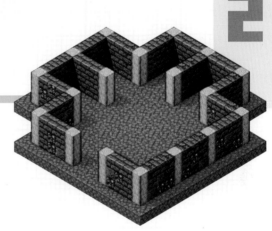

2

윤나는 흑암 벽돌과 금 간 윤나는 흑암 벽돌, 황금이 박힌 흑암을 혼용하여 감옥의 바깥쪽과 기둥 사이의 공간을 채웁니다. 이때 앞쪽은 출입구로 쓰기 위해서 비워 둡니다. 남은 내부 기둥을 바깥쪽 벽과 연결합니다.

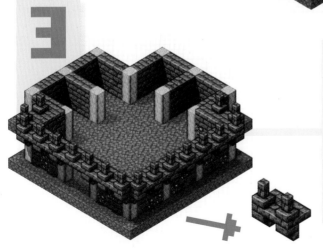

3

건물 정면 위쪽에 윤나는 흑암 벽돌 반 블록을 2줄로 추가해서 모서리에서 한 블록 튀어나오게 만듭니다. 바깥쪽 줄로 와서 블록마다 반 블록을 추가하고 블록 윗면에 윤나는 흑암 벽돌 담장을 설치합니다. 반 블록을 설치한 각 블록 밑에 윤나는 흑암 벽돌 계단을 뒤집어서 설치합니다.

각 내부 기둥의 상단에 윤나는 흑암 벽돌 계단 2개를 안쪽을 향하도록 추가해서 감방을 만들고, 윤나는 흑암 벽돌 반 블록으로 연결합니다. 죄수를 가두기 위해서 감방에 철창을 추가합니다.

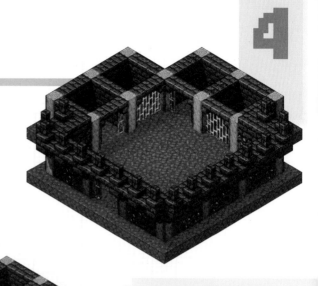

당연히 감옥에 감방이 4개뿐이면 부족하겠죠! 똑같은 흑암 블록들을 혼용하여 각 감방에 천장을 만들고, 벽체와 기둥을 3블록씩 확장합니다.

다시 기둥 안쪽에 윤나는 흑암 벽돌 계단을 뒤집어서 설치하고, 이 밑에는 철창을 추가합니다. 그런 다음 맹그로브나무 반 블록으로 위층 감방의 전면을 따라 감옥의 바깥쪽 벽에 닿기 2블록 전까지 선반을 만듭니다. 위층으로 올라갈 수 있도록 선반 끝에 사다리를 추가합니다.

벽을 만들 때 사용했던 블록으로 감방에
평평한 천장을 추가합니다. 윤나는 현무암
블록 9개로 감방 사이에 있는 기둥을 확장하고,
윤나는 흑암 벽돌 담장을 설치한 다음, 이 위에
철창을 설치합니다.

7

8

지붕 외부를 따라 설치한 모든 블록에 윤나는
흑암 벽돌 계단을 뒤집어서 설치합니다. 이 위에는
윤나는 흑암 벽돌 반 블록을 한 층 쌓습니다.
그런 다음 각 계단 위 반 블록 윗면에 반 블록을
또 추가하고, 윤나는 흑암 벽돌 담장을 그 위에
추가합니다.

윤나는 흑암 벽돌 3개를 설치하고
끝에는 반 블록 1개를 추가하여
높은 기둥의 상단을 확장한 다음,
이 밑에 계단 1개를 뒤집어서
설치합니다. 세 번째 블록 밑에
사슬 1개를 추가하고, 맹그로브나무
반 블록과 철창 2줄로 3×3 크기의
우리를 만듭니다. 감옥 곳곳에 영혼
랜턴을 추가하여 마무리합니다.

앞면

9

무지개 기지

하늘에 밝게 뜬 무지개를 보고 싶지 않은 사람이 있을까요? 이 기지에서 살면 마인크래프트에서 날마다 무지개를 볼 수 있습니다. 금을 보관하는 상자는 기지 양끝보다 눈에 덜 띄는 곳에 숨겨야 한다는 걸 명심하세요. 특히 네더에 기지를 짓기로 결정했다면요!

난이도

★★☆☆☆

🕑 25분

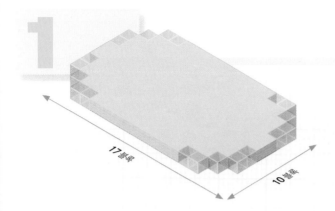

무지개가 하늘에 뜨는 만큼
이 기지는 구름 위에 지어
보겠습니다. 하얀색 양털을
사용하여 긴 타원형을
만들고, 모서리를 따라
하얀색 색유리 블록을
추가합니다.

17블록

10블록

동일한 블록을 사용하여 구름의
두 번째 층을 추가합니다. 이때
두 번째 층은 아래층보다 1블록씩 넓게
만듭니다.

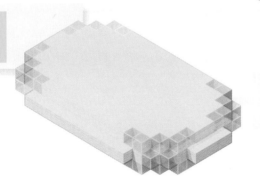

1단계에서 만든 층과 동일한 층을
두 번째 층 위에 만듭니다.

기지를 지을 구름 주위에 깜찍한
구름 3개를 만듭니다. 하얀색 양털로
열십자 모양을 만들고 좌우측 중앙에
블록을 하나씩 더 추가합니다. 구름의
끝부분을 하얀색 색유리 블록으로
둘러싸서 옆면에 열십자를 더
만듭니다.

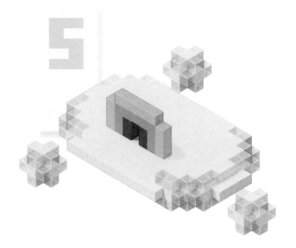

무지개 모양을 만들어 봅시다. 먼저 빨간색 콘크리트를 블록 1개 간격을 두고서 2블록 높이로 쌓아 기둥 2개를 만듭니다. 그런 다음 이 위에 주황색 콘크리트로 아치를 만들고, 이어서 모퉁이가 없는 노란색 콘크리트 아치를 만듭니다.

계속해서 연두색에서 하늘색을 거쳐 보라색까지 다양한 색상으로 콘크리트 아치를 만들어서 무지개를 만듭니다.

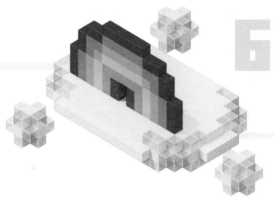

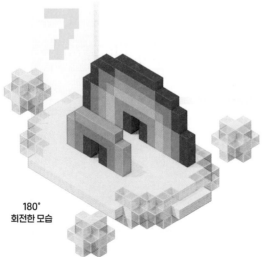

180°
회전한 모습

구름 뒤편으로 가서 먼저 만든 무지개로부터 5블록 뒤에 두 번째 무지개를 만들기 시작하되, 색깔은 거꾸로 사용합니다. 먼저 보라색 콘크리트 기둥을 세우고, 이어서 하늘색과 연두색 콘크리트를 사용합니다.

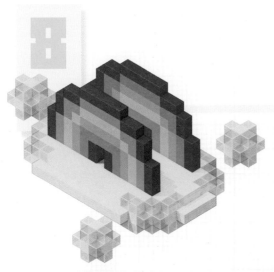

무지개 2개가 동일한 크기와 형태가
될 때까지 노란색과 주황색, 빨간색
콘크리트 아치를 추가하여 두 번째
무지개를 마무리합니다.

이제 무지개색 지붕을 만들어 봅시다!
벽면의 형태를 따라 색유리 블록을
사용하여 한 번에 한 층씩 만듭니다.
주황색으로 시작해서 노란색,
연두색을 사용하고 파란색으로
마무리합니다.

9

마지막으로 진홍빛 문을 기지 양쪽에
추가하고, 엔드 막대를 올린 진홍빛
울타리 2개를 설치하여 이 환상적인
기지 외부에 조명을 만듭니다.

범퍼카

재미있는 이번 건축을 통해서 범퍼카의 향연을 게임에 가져와 보세요. 얼음으로 바닥을 만들고 보트로
범퍼카를 만들어서 친구들과 짜릿한 대결을 즐길 수 있습니다. 진정한 재미를 느끼고 싶다면 각자 검으로
무장하고 서로의 보트를 파괴하러 싸우세요!

난이도

★★☆☆☆

🕐 20 분

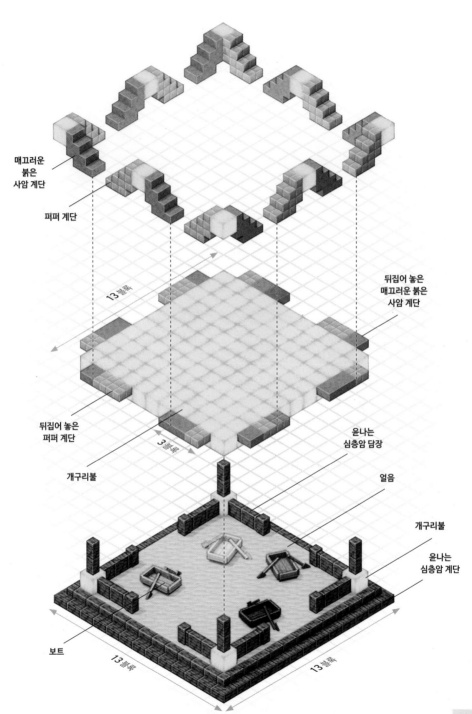

매끄러운
붉은
사암 계단

퍼퍼 계단

13 블록

뒤집어 놓은
매끄러운 붉은
사암 계단

뒤집어 놓은
퍼퍼 계단

3 블록

개구리불

윤나는
심층암 담장

얼음

개구리불

윤나는
심층암 계단

보트

13 블록

13 블록

화분 집

꽃을 사랑하신다면 이번 건축물을 보고 기쁨의 눈물이 흘러서 꽃을 다 적실지도 모르겠네요! 안에는 기지가 있고 거대한 꽃이 자라 있는 화분 모양의 이 집은 당신이 뿌리를 내리기로 결심한 생물 군계가 어디든지 아주 화려해 보일 겁니다. 무엇을 기다리고 있나요? 키우러 갑시다!

난이도

★★★★☆

🕐 1 시간

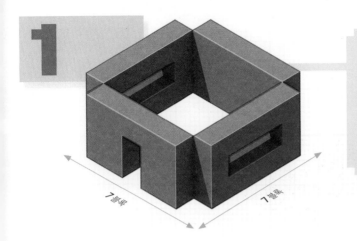

1

7블록

7블록

먼저 테라코타 화분을
만듭니다. 귀퉁이가 없는
7×7 크기의 정사각형을
만듭니다. 벽은 블록 3개
높이로 만들고, 두 벽면에는
문과 넓은 창을 만들기 위한
공간을 남겨 둡니다.

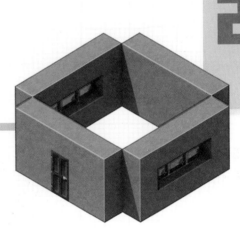

2

빈 공간에 짙은 참나무 문과 유리판을
추가합니다.

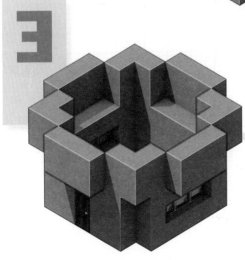

3

벽체로부터 1블록 간격을
두고 각 모서리 가운데에
테라코타 블록을 3개씩
추가하고, 밑에 있는 벽에
맞춰 일렬로 모퉁이를
채웁니다. 같은 방법으로
한 층을 더 쌓습니다.

아래층에서 위로 1블록, 바깥으로 1블록씩 간격을 두고 화분의 모서리를 따라 선반을 추가합니다. 가운데를 잔디 블록으로 채워서 지붕을 만듭니다. 내부에서 올라올 수 있도록 뒤편에는 구멍을 남겨 둡니다.

잔디 블록을 가문비나무 다락문과 뒤집어 놓은 가문비나무 계단으로 둘러싸서 화분 바닥 주위에 장식용 식물을 추가합니다. 어울리는 꽃을 골라 보세요.

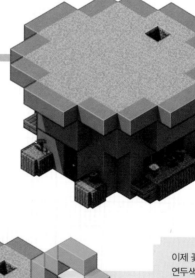

이제 꽃을 만들 차례입니다. 연두색 콘크리트를 사용하여 화분 오른쪽으로 튀어나오는 아치 형태의 줄기를 만듭니다.

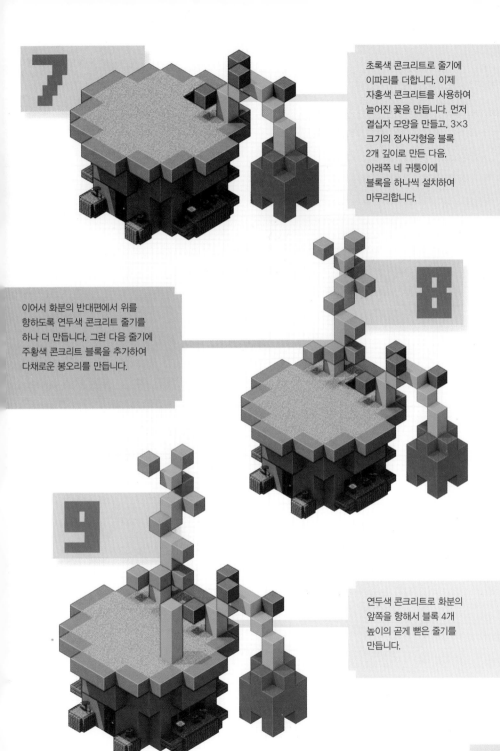

7

초록색 콘크리트로 줄기에
이파리를 더합니다. 이제
자홍색 콘크리트를 사용하여
늘어진 꽃을 만듭니다. 먼저
열십자 모양을 만들고, 3×3
크기의 정사각형을 블록
2개 깊이로 만든 다음.
아래쪽 네 귀퉁이에
블록을 하나씩 설치하여
마무리합니다.

8

이어서 화분의 반대편에서 위를
향하도록 연두색 콘크리트 줄기를
하나 더 만듭니다. 그런 다음 줄기에
주황색 콘크리트 블록을 추가하여
다채로운 봉오리를 만듭니다.

9

연두색 콘크리트로 화분의
앞쪽을 향해서 블록 4개
높이의 곧게 뻗은 줄기를
만듭니다.

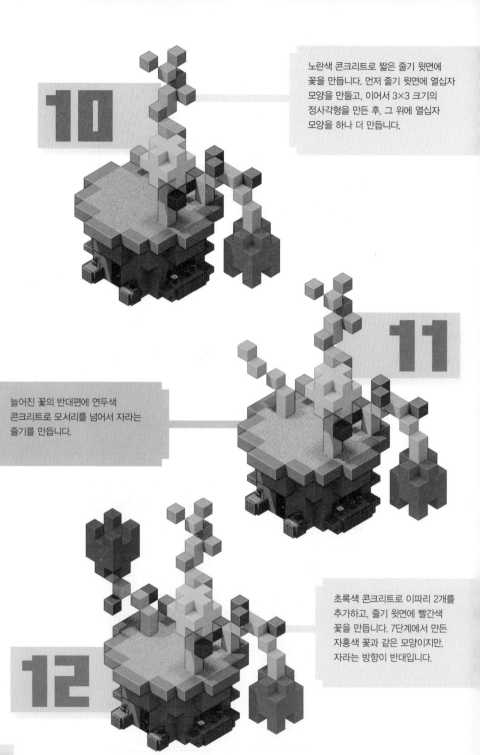

노란색 콘크리트로 짧은 줄기 윗면에
꽃을 만듭니다. 먼저 줄기 윗면에 열십자
모양을 만들고, 이어서 3×3 크기의
정사각형을 만든 후, 그 위에 열십자
모양을 하나 더 만듭니다.

10

11

늘어진 꽃의 반대편에 연두색
콘크리트로 모서리를 넘어서 자라는
줄기를 만듭니다.

초록색 콘크리트로 이파리 2개를
추가하고, 줄기 윗면에 빨간색
꽃을 만듭니다. 7단계에서 만든
자홍색 꽃과 같은 모양이지만,
자라는 방향이 반대입니다.

12

이번에는 화분 앞쪽에 현관문 너머로 자라는 연두색 콘크리트 줄기를 만듭니다.

하늘색 콘크리트를 사용하여 줄기 윗면에 3×3 크기의 정사각형을 만듭니다. 이 위에 테두리를 따라 1블록 튀어나온 선반을 추가합니다. 이때 모퉁이는 비워 둡니다. 네 모퉁이 위에 블록을 하나씩 추가하고 각 모서리 중앙에 한 블록 튀어나오게 블록을 설치합니다.

화분 윗면 곳곳에 꽃과 잔디를 심어서 마무리합니다. 이제 이사만 하면 됩니다!

아기돼지 삼형제

늑대가 찾아오면 어느 집에 숨어야 가장 안전할까요? 다행히도 여기 있는 아기돼지 삼형제의 집들은 모두 늑대가 들어갈 수 없고 게임 내에서는 늑대가 돼지를 공격하지도 않습니다. 휴! 사실 이 돼지들의 안전을 가장 위협하는 존재는 바로... 당신이에요! 설마 이 돼지들을 먹을 생각은 아니겠죠?

난이도

★★★☆☆

🕐 45 분

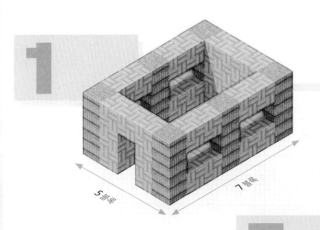

먼저 건초로 집을 지어 봅시다. 한 집만요! 건초 더미를 사용하여 블록 3개 높이의 기둥 여섯 개를 만들고, 공간을 대나무 모자이크 블록으로 채웁니다. 이때 창문 4개와 문 1개가 들어갈 자리는 비워 둡니다.

대나무 문과 창문을 비워 둔 자리에 추가하고, 건물 양끝에 삼각형으로 대나무 모자이크 블록을 더 쌓습니다.

벽 윗부분의 한 블록 밑에서부터 대나무와 대나무 모자이크 반 블록을 혼합하여 지붕을 만듭니다. 위에서 만날 때까지 반 블록을 비스듬하게 쌓고, 양끝에서 안쪽을 향하도록 대나무 계단을 추가합니다.

이제 더 튼튼한 집을 지을 차례입니다. 안전하기는 세 집 모두 마찬가지지만요. 통나무로 기둥 여섯 개를 만들고 참나무 판자로 기둥 사이를 채웁니다. 이때 문과 창문 4개를 만들 자리는 비워 둡니다.

가문비나무 문을 설치하고 창문 자리에 유리판을 추가합니다. 그런 다음 건물의 앞뒤에 있는 벽 윗부분에 참나무로 삼각형을 만듭니다.

가문비나무와 참나무 반 블록을 혼용하여 지붕을 만듭니다. 좌우에 있는 벽의 한 블록 밑에서부터 시작하여 계단식으로 쌓습니다. 지붕 앞뒤쪽의 맨 위에 가문비나무 계단을 안쪽을 향하여 설치합니다.

마지막으로 가장 튼튼한 돼지 집을 지어 봅시다! 짙은 참나무 원목을 사용하여 기둥 여섯 개를 만들고, 벽돌로 기둥 사이를 채웁니다. 이때 문과 창문 4개가 들어갈 자리는 비워 둡니다.

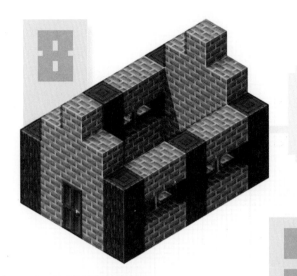

비워 둔 자리에 짙은 참나무 문과
유리판을 달고, 앞뒤쪽에 있는
벽 맨 윗부분에 삼각형을 추가합니다.

석재 벽돌 반 블록과 벽돌 반
블록을 혼용하여 지붕을 만듭니다.
벽 윗부분으로부터 1블록 아래서
시작해서 가운데서 만나게끔
계단식으로 쌓습니다. 상단에는
양끝에 석재 벽돌 계단을 안쪽을
향하도록 추가합니다.

그러면 돼지들을 위한
귀여운 집 세 채가
완성됩니다! 흙 길로
세 건물을 서로 이어 주고
목욕을 할 수 있도록
진흙 구덩이도 만들어
보세요!

운하선

강가에 살면서 노을을 바라보고 강변에 있는 좀비들에게 잘난 척하며 손을 흔드는 모습. 낭만적이지 않나요?
똑똑. 잠깐, 뭐죠? 저 드라운드는 어디서 나타났죠? 으아, 더 이상 오버월드에는 안전한 곳이 없나요?
그래도 이 기지는 안전해 보이네요. 누가 문을 두드려도 절대 열지 마세요!

난이도
★★★★☆

🕐 35 분

검은색 콘크리트
블록으로 18×3
크기의 직사각형을
만들고, 보트의 정면
중앙에 블록 1개를
추가합니다.

19 블록

3 블록

2

한 층 위로 올라가서 검은색
콘크리트 블록을 추가로 설치
합니다. 밑에 있는 직사각형의
테두리를 따라 바깥쪽으로
한 블록씩 넓힙니다. 보트 후면으로
가서 안쪽에 블록을 한 줄로
설치합니다. 그런 다음 보트 정면에
블록을 채워서 채워진 부분의
길이가 4블록이 되도록 만듭니다.

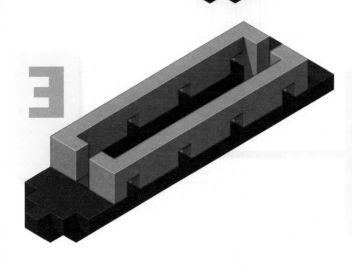

초록색 콘크리트를
사용하여 보트의
양끝에서 가장 넓은
지점으로부터 2블록
떨어진 곳에 2블록
높이의 직사각형 벽을
세웁니다. 양끝에 문을
달 공간과 양쪽에 창문을
설치할 구멍 네 곳을 비워
둡니다.

각 구멍 위에 맹그로브나무 반 블록을 추가하고 반 블록 밑에는 맹그로브나무 울타리 문을 설치하고 열어서 창문 덮개를 만듭니다. 울타리 문 양쪽에 참나무 버튼을 추가합니다.

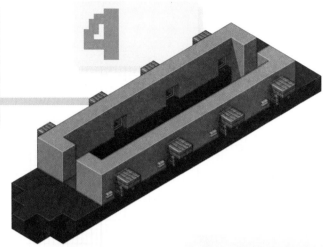

보트의 맨 앞쪽에 맹그로브 나무 판자와 반 블록을 추가합니다. 보트의 외곽선을 따라서 맹그로브나무 계단 6개를 뒷면을 향하도록 뒤집어서 설치합니다. 참나무 문을 설치하고 벽 옆에 있는 맹그로브나무 계단에 참나무 울타리도 설치합니다.

배 후면으로 이동합니다. 양쪽에 보트 방향으로 맹그로브나무 계단 2개를 뒤집어서 설치합니다. 그런 다음 계단 뒷면에 블록 1개 간격을 두고서 안쪽을 향하도록 계단 2개를 추가합니다.

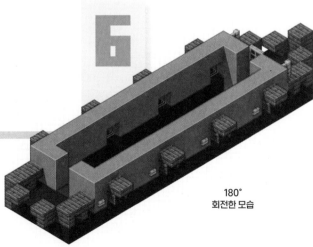

180°
회전한 모습

배 후면에 있는 공간에 용광로
1개를 추가하고, 철창을 S자로
설치하여 방향타를 만듭니다.
방향타 위에 철창 하나를 추가하여
핸들을 만듭니다. 전면과 동일하게
참나무 문 1개와 참나무 울타리
2개를 추가합니다.

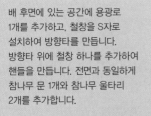

180°
회전한 모습

측면을 따라 맹그로브나무
반 블록을, 가운데에는
맹그로브나무 판자를 설치하여
운하선의 지붕을 만듭니다.
지붕이 참나무 울타리 위에
오게끔, 지붕 양끝을 1블록씩
연장합니다.

화분을 사용하여 지붕
곳곳에 식물을 추가합니다.
장식된 도자기에 꽃을 심고,
나뭇잎을 참나무 표지판으로
둘러싸서 화분을 만듭니다.

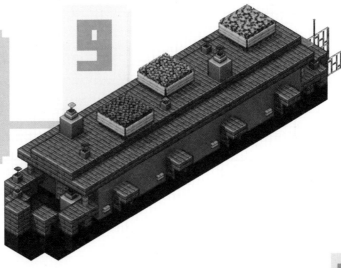

UFO

이런! 사악한 외계인이 오버월드에 존재하는 모든 소를 훔치러 왔어요! 아, 그냥 조각상이라고요? 저도 깜빡 속아 넘어갈 뻔했네요! UFO을 만들어 두면 외계인에게 잡힐까 봐 두려워서 누구도 당신을 건드리려고 하지 않을 겁니다. 최고의 방어 수단인 셈이죠. 게다가 이 UFO에는 우유를 얻을 수 있는 소도 있습니다!

난이도
★★★★☆

🕐 40 분

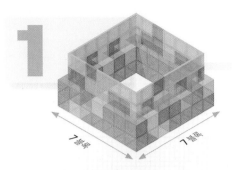

초록색 색유리 블록에 연두색 색유리 블록을 조금 섞어서 7×7 크기의 정사각형을 블록 2개 높이로 짓습니다. 동일한 색상의 색유리 판을 사용하여 윗면에 2겹을 추가합니다. 올라가면서 연두색 판의 비중을 늘려갑니다.

7 블록

7 블록

첫 번째 층에서 한 블록 안쪽에 색유리 블록을 2겹으로 쌓습니다. 주로 연두색 색유리 블록을 사용하면서 노란색 색유리 블록도 군데군데 넣습니다. 그런 다음 색유리 판을 2겹 더 추가합니다. 쌓으면서 노란색 색유리 판의 비중을 늘려갑니다.

방금 쌓은 층에서 한 블록 안쪽 위에 색유리 블록을 2겹 더 추가합니다. 노란색 색유리 블록 위주로 하얀색 색유리 블록을 섞어서 만듭니다. 이 위에 색유리 판 2겹을 쌓습니다. 꼭대기가 완전히 하얀색이 되도록 하얀색의 비중을 늘려갑니다.

회색 콘크리트를 사용하여 유리로 된 사각뿔의 꼭대기에 모퉁이가 없는 5×5 크기의 정사각형을 만듭니다. 정중앙에 있는 블록을 제거하고 안에 참나무 울타리 1개를 추가합니다.

5

1블록 위에 밑에 있는 층의 테두리를
따라 블록 2개 굵기로 회색 콘크리트
원 하나를 만듭니다. 그런 다음 모서리
바깥을 따라 원 위에 개구리불을
한 바퀴 두릅니다.

6

개구리불 위에 밑에서 만든 원과 동일한 크기로 회색
콘크리트 원을 하나 더 만듭니다. 그런 다음 한 블록
위에 각 모서리로부터 3블록 간격을 두고 안쪽이
열려 있는 테두리를 하나 만듭니다.

7

개구리불의 바깥쪽 면을 따라서 연두색
색유리 블록을 두르고, 색유리 윗면과
아랫면에 매끄러운 돌 반 블록을 설치합니다.

위로 올라와서 돌출된 테두리 윗면에 연두색 색유리 블록을 추가하고, 한 블록 위에 3×3 크기의 정사각형을 만들어서 구멍을 채웁니다.

회색 콘크리트 모서리 곳곳에 돌 버튼을 설치하여 UFO의 상부와 하부를 장식합니다.

아랫면

이제 소에게 광선을 쏩시다! 유리로 만든 사각뿔 중앙에 소를 생성하고 소에게 끈을 매답니다. 끈을 든 채로 위에 있는 울타리를 클릭하면 소가 UFO로 끌려옵니다!

지금까지 지은 건축물 조합하기

축하합니다. 이 책에 실린 모든 건축물을 지어 보셨습니다. 훨씬 건축가다워진 모습인데요. 하지만 아직 끝나지 않았습니다! 이제 기존 건축물들을 조합하여 새로운 건축물을 만들어 볼 차례입니다.

건축물들을 아래와 같이 조합해 봅시다. 이 책에 실린 가이드와 건축 팁을 활용해서 조합하세요. 건축물을 조합하는 방식은 전적으로 당신에게 달려 있습니다. 건축물의 크기를 바꾸거나, 다른 블록을 사용하거나, 더 보기 좋게 디자인을 개선해 보세요.

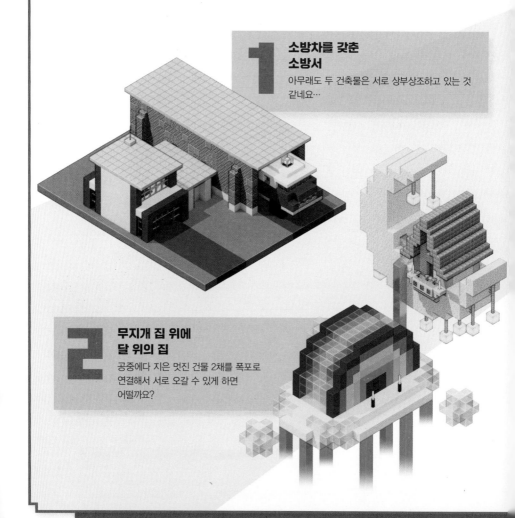

1 소방차를 갖춘 소방서

아무래도 두 건축물은 서로 상부상조하고 있는 것 같네요…

2 무지개 집 위에 달 위의 집

공중에다 지은 멋진 건물 2채를 폭포로 연결해서 서로 오갈 수 있게 하면 어떨까요?

운하를 누비는 오리배

오리를 좋아하고 드라운드가 파티를 망치지 않기를
바란다면 오리배와 운하선을 조합해 보는 것은 어떨까요?

라면 가게가 들어선
수직 숲

수직 숲에 라면 가게를 입점시키는 것만큼
입주민에게 식사를 제공하는 좋은 방법이
또 있을까요?

갈비뼈 지붕의
네더 감옥

네더 감옥을 더 무섭게 만들고 싶나요?
그렇다면 감옥 위에 거대한 뼈를 올려
보세요!

마치며

잘하셨습니다! 지금까지 놀라운 건축물들을 함께 만들었습니다. 어떤 건축물이 제일 마음에 드시나요? 신나는 오리배였나요? 아니면 소를 끌어당기는 UFO인가요?

제일 마음에 들었던 건축물이 무엇이었든, 여기서 멈추지 마세요. 모든 건축물은 플레이어의 상상력이 이끄는 대로 개조하고 바꿀 수 있습니다.

이 책에 나와 있는 단계에서 벗어나 창의력을 발휘하기를 주저하지 마세요. 그게 바로 마인크래프트의 묘미거든요! 창작물과 여행에 모두 적용되는 이야기입니다.

실수를 해도 모험을 해도 괜찮습니다. 배우는 과정의 일부니까요. 계속해서 설레는 건축물을 만들고 두근거리는 아이디어를 탐구하세요!

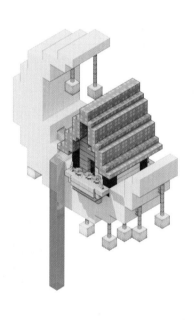